Brigitte Palmstorfer

Differenzierung KONKRET – Aus der Praxis für die Praxis

Ein Handbuch für die Grundschule

Zur Autorin

Brigitte Palmstorfer

geb. 1959, zwei erwachsene Kinder

Volks- und Sonderschullehrerin,
ECHA-Degree,
Montessoridiplom,
Vortragende an Pädagogischen Instituten und bei einschlägigen Veranstaltungen zu den Themenkreisen

- Differenzierung
- Begabungsförderung
- alternative Leistungsbeurteilung
- Elternarbeit
  u. dgl.

Im Moment Mitarbeiterin des *kompetenzzentrum für begabungsförderung* des Wiener Stadtschulrates.

Veröffentlichungen

- Unterlagen für zahlreiche PI-Veranstaltungen
- „Gedichteküche" – Erprobte Rezepte zum Reimen, Dichten und Gestalten mit Sprache. ISBN 3902285265

Jugend & Volk

Brigitte Palmstorfer

**Differenzierung KONKRET –
Aus der Praxis für die Praxis**

© 2006
Verlag Jugend & Volk GmbH, Wien

**ISBN 978-3-7100-1584-7
ISBN 3-7100-1584-7**

www.jugendvolk.at

Layout und
Umschlag: Exakta GmbH, 1180 Wien
Druck: Druckerei Theiss GmbH, 9431 St. Stefan

Alle Rechte vorbehalten. Jede Art der Vervielfältigung – auch auszugsweise – gesetzlich verboten. [2006 – 1.00]

Inhalt

Vorwort 5

1 Differenzierung 7
    1.1   Einige Gedanken zur Heterogenität von Grundschulklassen 7
    1.2   Differenzierung ist ein weites Feld 8
        1.2.1   Sprache 8
        1.2.2   Gespräch 9
    1.3   Ist Differenzierung ungerecht? 10
    1.4   Beispiele zur praktischen Umsetzung 11
        1.4.1   Deutsch, Lesen 11
        1.4.2   Wie kann ich Gedächtnisübungen differenzieren? 16

2 „Begabendes" Umfeld 18
    2.1   Angebote 18

3 Grundsätze der Begabungsförderung durch Differenzierung ... 21
    3.1   Lernumgebung 22
    3.2   Lernorganisation 22
    3.3   Zeit 24
    3.4   Lehrperson 25
    3.5   Meine Stärken als Lehrperson 25
    3.6   Häufig gestellte Fragen 26

4 Modelle und Maßnahmen 27
    4.1   Projektunterricht 28
    4.2   Projektorientierte Angebote 31
    4.3   Projekttag / Tagesprojekt 32
    4.4   Freie Themenstunde 32
    4.5   Atelierunterricht 33
    4.6   Lernwerkstatt 34
    4.7   Ressourcenraum 35
    4.8   Ressourcenecke 36
    4.9   Pull out-Programm / Drehtürmodell 37
    4.10 Drehtürmodell 38
    4.11 Compacting 40
    4.12 LdL – Lernen durch Lehren 41
    4.13 Planarbeit 43
    4.14 Wochenaufgabe 46
    4.15 Frei gewählte Freitagaufgabe 46
    4.16 Förderstunde – Forderstunde 47
    4.17 Förderstunde „andersrum" 47
    4.18 Talente-Portfolio 48
    4.19 Projektmappe für begabte Kinder nach ihren
           Interessensgebieten 48
    4.20 Montagfrage oder Knobelfrage der Woche 49
    4.21 Individualisierte Angebote 49
    4.22 Wissensvermittelnde Einrichtungen 50
    4.23 Wissensvermittelnde Elternressourcen 51
    4.24 Cluster Group 52
    4.25 Grouping-Klassen 52

4.26	Plus-Kurs / Talentförderkurs / Superkids / Adjunct-Programm	53
4.27	Mentorat	53
4.28	Wettbewerbe / Olympiaden	53
4.29	Sommerakademien	54
4.30	Übung	55

5 Ideen und Tipps — 56

- 5.1 Kennzeichnung — 56
- 5.2 Wie kann ich einen Text differenziert gestalten lassen? — 57
  - 5.2.1 Differenzierungsmöglichkeiten — 57
  - 5.2.2 Arbeitstext zu einach → auf Englisch schreiben lassen — 59
  - 5.2.3 Wochenendgeschichten — 59
  - 5.2.4 „Wortbüro" — 61
- 5.3 Differenzierung bei der Fehlerkorrektur — 61
- 5.4 Hausübungen — 63
  - 5.4.1 „Frei gewählte Freitagaufgabe" – eine begabungsfördernde Hausübungsform — 63
  - 5.4.2 Ferienaufgabe — 64

6 Hurra, die Schule beginnt! — 65

- 6.1 Gedanken zum Schulbeginn — 65
- 6.2 Wie kann Schule harmonisch beginnen? — 66
  - 6.2.1 Einrichtung des Klassenraums / Raumorganisation — 67
  - 6.2.2 Signale – Impulse — 68
  - 6.2.3 Sprache der Lehrerin — 69
  - 6.2.4 Gedanken zur Struktur — 70
- 6.3 Der erste Schultag – Aufregung für Groß und Klein — 71
- 6.4 Wie baue ich den Unterricht in der ersten Woche der 1. Klasse auf? — 75

7 Elternarbeit — 76

- 7.1 Elternabend – wozu? — 78
- 7.2 Bedeutung von Elternabenden — 79
- 7.3 Elternarbeit bei besonders begabten Kindern — 83
- 7.4 Elternsprechtage — 86

8 Stundenbilder — 89

- Stundenbild 1 – Deutsch, Sprechen — 89
- Stundenbild 2 – Deutsch, Rechtschreiben — 90
- Stundenbild 3 – Deutsch, Lesen — 91
- Stundenbild 4 – Mathematik, Sachrechnen — 92
- Stundenbild 5 – Sachunterricht — 93

Literaturverzeichnis — 95

Bildnachweis — 96

Hinweis:

Aus Gründen der besseren Lesbarkeit werden in diesem Buch nur feminine Berufsbezeichnungen verwendet. Selbstverständlich sind gleichzeitig auch alle männlichen Vertreter angesprochen.

Vorwort

„Jeder Weg beginnt mit einem einzigen Schritt."
Buddhistische Weisheit

*„Verantwortlich ist man nicht nur für das, was man tut,
sondern auch für das, was man unterlässt."*
Laotse

Als Lehrerin beschäftige ich mich schon seit vielen Jahren mit Differenzierung, Begabungsförderung und Elternarbeit. Der Gedanke, für Lehrerinnen der Grundschule ein Handbuch zu diesen Themen zu schreiben, ergab sich schließlich aus meiner Vortragstätigkeit an Pädagogischen Instituten in den letzten Jahren. Bestärkt wurde ich durch Kolleginnen, die mich bei Fortbildungen immer wieder nach empfehlenswerter Literatur zum Thema „Differenzierung und Individualisierung" fragten.
Ich konnte nur Literaturhinweise geben, die sich mit diesem Thema in der Theorie beschäftigen. Daraus entstand dann mein Bedürfnis, auch die Praxis näher zu beleuchten.
Dieses Handbuch soll ein Behelf sein, mit dem ich die am häufigsten gestellte Frage beantworten will: **„Und wie mache ich das alleine mit 25 Kindern?"**

Wie das Wort „Behelf" schon sagt, soll die vorliegende Sammlung von vorrangig persönlichen Erfahrungen Kolleginnen bei der ziemlich schwierigen Aufgabe helfen, Differenzierung im Unterricht der Grundschule umzusetzen. Darüber hinaus möchte ich Möglichkeiten präsentieren, wie Rahmenbedingungen für differenziertes, individualisiertes und somit auch begabungsförderndes Arbeiten geschaffen werden können.

Die in diesem Handbuch enthaltenen Tipps, Vorschläge und Anregungen sollen in erster Linie dazu dienen, Lehrerinnen bei der Arbeit mit den unterschiedlichen Begabungen der Kinder zu unterstützen.
Ich denke, dass meine Sammlung an Möglichkeiten, Maßnahmen und Modellen dies vermag.
Die konkrete Umsetzung und die eigentliche Arbeit muss die einzelne Lehrperson allerdings selbst vornehmen. Ich versuche meine Arbeit in der Klasse so zu beschreiben, dass Leserinnen sich „das Ihre" davon mitnehmen können.
Praktische Beispiele und Fotos veranschaulichen die Beschreibungen.

Differenzierung geht nicht von heute auf morgen. Es sind bestimmte Anforderungen und Bedingungen notwendig, um differenziert auf die individuellen Begabungen der Kinder eingehen zu können. Jede Lehrerin befindet sich immer auf dem Weg.

Das Buch soll praktisches Arbeiten erleichtern, ein notwendiges Mindestmaß an Theorie zu Differenzierung und Begabungsförderung sowie deren Zusammenhängen anbieten und an vielen Beispielen zeigen, wie die Durchführung auch ohne zusätzliche Lehrkraft zu schaffen ist.

Ich schreibe diesen Behelf ohne jeglichen wissenschaftlichen Anspruch. Einzig mit dem Anspruch der Hilfestellung für alle „in der Klasse stehenden" Kolleginnen, die den österreichischen Lehrplanauftrag zur Differenzierung, Individualisierung und Begabungsförderung kennen, sich aber zur Umsetzung noch ein bisschen zusätzliches Know-how aus der Praxis aneignen wollen.

Im Kapitel „Modelle und Maßnahmen" möchte ich aufzeigen, wie auf unterschiedliche Begabungsformen und -ausprägungen eingegangen werden kann.

Bewusst verzichte ich auf eine trennscharfe Unterscheidung von Modellen, methodischen Maßnahmen oder nur Ideen zur Differenzierung und Begabungsförderung.

Vieles davon habe ich persönlich im Laufe der letzten Jahre ausprobiert, einiges wieder fallen gelassen, verändert, wieder aufgegriffen und mit Hilfe von Kindern und Eltern ausgefeilt.

In einem weiteren Kapitel möchte ich mich mit Elternarbeit befassen, da diese besonders in der Grundschule eine wertvolle Ressource sein kann, unabhängig vom jeweiligen Standort, jedoch abhängig von der Kommunikationsbereitschaft und Geschicklichkeit der Klassenlehrerin.

Stundenbilder sind – zu Recht oder zu Unrecht – schon seit rund 15 Jahren aus der Mode gekommen. Ich möchte trotzdem an einigen Beispielen versuchen, Differenzierung konkret und ohne großen Aufwand zu zeigen. Diese Unterrichtsvorschläge können wie Rezepte übernommen werden, bei denen ich für die Phase der Durchführung „eigene Gewürze oder andere Beilagen" empfehle.

Jede Lehrerin, die mit Differenzierung beginnt, diese überdenkt, an die Gegebenheiten des jeweiligen Arbeitsfeldes anpasst und ihrer Persönlichkeit entsprechend gestaltet, wird neuen Schwung in der täglichen Arbeit erfahren. Es entwickelt sich mit Sicherheit ein positiver Sog, der alle Beteiligten mitzieht.

Es ist mein Ziel zu verdeutlichen, dass nicht alle Kinder in gleicher Weise arbeiten können, da sie ja offensichtlich nicht gleich sind. Genau aus diesem Grund ist es notwendig, darauf hinzuweisen, dass es nicht genügt, nur gelegentlich zu differenzieren. Die Differenzierung muss durchgehend sein und zur Routine werden. Die „begabende Lehrperson" differenziert.

Die Verschiedenheit der Köpfe sollte mit Freude und als Herausforderung gesehen werden. Unterschiede zu akzeptieren, nicht zu nivellieren, ist das Ziel von Differenzierung. Mit dieser Haltung können sich Begabungen des Kindes entfalten.
Beginnen Lehrerinnen sich über die Unterschiedlichkeit der Schülerinnen/Schüler zu freuen, die Verschiedenheit der Kinder zu nützen, erfahren sie für gewöhnlich ein hohes Maß an positivem Feed-back. Die erfreulichen Reaktionen der Kinder sind der Motor fürs Weitermachen. Schon nach kurzer Zeit bringen Kinder eigene Vorschläge, wie sie diese oder jene Aufgabenstellung individuell anpacken könnten. Differenzierung ist somit nicht mehr ausschließlich Lehrerinnensache, sondern wird von den Kindern mitgetragen und weiterentwickelt.

Ich möchte nicht versäumen, an dieser Stelle all meinen Schulkindern und ihren Eltern zu danken, die mich auf meinem Weg unterstützten und mir wertvolle Anregungen gaben, die ich im Folgenden an Interessierte weitergebe.
Weiters danke ich all meinen Freunden und Freundinnen, die mir halfen aus vorerst einzelnen Ideen ein Konzept zu entwickeln und schließlich das vorliegende Handbuch zu verfassen.

Erika Landau nannte ihren Klassiker „Mut zur Begabung". Ich möchte all jenen Kolleginnen, die noch nicht begonnen haben oder sich in diesem Feld nicht weiterwagen und bei der Umsetzung Tipps annehmen wollen, „Mut zur Differenzierung" machen.

Wien, Oktober 2006   Brigitte Palmstorfer

1 Differenzierung

1.1 Einige Gedanken zur Heterogenität von Grundschulklassen

Kinder bringen bei Schuleintritt eine sehr unterschiedliche Bandbreite an individuellen Erfahrungen und Kenntnissen mit.

In keiner Phase des schulischen Lebens eines Kindes gibt es eine breitere Heterogenität als bei Eintritt in die Grundschule. Im Laufe der Grundschulzeit reduziert sich die Heterogenität ein wenig, denn Schulkinder müssen sich an schulische Regeln und Organisationsformen anpassen.

Die Schülerinnen und Schüler entwickeln einen kleinen gemeinsamen Nenner: So hat z. B. jedes Kind eine Schultasche, muss zu einer festgelegten Zeit da sein und sollte bestimmte Regeln einhalten. Schule ist Pflicht. Das Erlernen schulischer Regeln gleicht Kinder in einigen Bereichen zwar an, ändert aber nichts daran, dass Kinder in ihren Persönlichkeiten unterschiedlich sind.

Heterogenität von Kindergruppen ist eine schulische Realität, die von unterschiedlichen Lehrerinnen in jeweils subjektiver Weise wahrgenommen und behandelt wird. Die einen wollen die „Verschiedenheit der Köpfe" so rasch wie möglich ausgleichen, andere sehen sie als Chance nicht nur miteinander, sondern auch voneinander zu lernen.

Welche Faktoren machen Kinder so unterschiedlich?

Jedes Individuum

- hat angeborene charakterliche, körperliche, intellektuelle Eigenheiten,
- bringt unterschiedlichen sozialen, ethnischen und kulturellen Hintergrund mit,
- besitzt unterschiedlich ausgeprägte Begabungen,
- arbeitet und lernt in individuellem Tempo,
- weist unterschiedliche Lernbereitschaft bzw. Lernfähigkeit auf,
- repräsentiert einen gewissen Lerntypus,
- hat eigene Interessen,
- hat ein bestimmtes Maß an Selbstständigkeit,
- zeigt unterschiedliche Kooperationsbereitschaft und Kooperationsfähigkeit,
- hat unterschiedliche Sprachkompetenz,
- hat sein eigenes familiäres und soziales Netzwerk,
- weist auch bei beinahe homogener Altersstruktur einen eigenen Reifegrad auf.

Der österreichische Volksschullehrplan bietet Lehrerinnen einerseits Entscheidungsfreiräume und gleichzeitig auch Hilfestellungen zur Umsetzung der Lehrplanforderungen an.

In den Allgemeinen Didaktischen Grundsätzen des Lehrplans heißt es: *„Maßnahmen der Individualisierung und inneren Differenzierung sind im Sinne des Förderns und des Forderns zu verstehen und zu gestalten. Sie tragen dazu bei, dass die Grundschule auch die sehr wichtige Aufgabe der Begabungsförderung erfüllt."* (Lehrplan der Volksschule, Stand Juni 2003, S. 28)

In den Allgemeinen Didaktischen Grundsätzen des Lehrplans heißt es weiter: *„Diese Unterschiede müssen erkannt, beachtet und zum Ausgangspunkt für individualisierende und differenzierende Lernangebote und Lernanforderungen gemacht werden. Eine verantwortungsvolle Berücksichtigung der Unterschiede schafft die Voraussetzungen für erfolgreiches Lernen aller Schülerinnen und Schüler und hilft mit, Über- bzw. Unterforderung möglichst zu vermeiden."* (Lehrplan der Volksschule, Stand Juni 2003, S. 27)

Der Lehrplan gibt also eindeutig einen **Auftrag zur Differenzierung!**

1.2 Differenzierung ist ein weites Feld

Wie kann ich meinen Unterricht organisieren, um der Unterschiedlichkeit aller Kinder möglichst gerecht zu werden?

Vielfach wird unter Differenzierung ausschließlich ein zusätzliches Angebot von Lernmaterial verstanden, das Kinder erst dann bearbeiten dürfen, wenn sie mit dem Pflichtangebot fertig sind.

Manche Kinder haben nach der Pflichtarbeit keine Lust mehr auf zusätzliches Arbeitsmaterial, was auch nicht weiter verwunderlich ist.

Aus meiner Sicht geht es bei gelungener Differenzierung um eine **andere Qualität**, nicht um eine erhöhte Quantität.

Die Qualität kann sowohl niedriger als auch höher – gemessen am Kernstoff – sein.

Wie in vielen anderen Bereichen des Lebens gilt auch hier der Grundsatz:
Qualität geht vor Quantität!

Qualität und somit **Differenzierung** drücken sich aus durch

- die **Zeit**, die dem Kind für die Bearbeitung zur Verfügung gestellt wird,
- den **Anspruch** an die Form und Ausführung der Arbeiten, sowohl von Seiten des Kindes als auch der Lehrerin,
- die **Beurteilung** und **Bewertung** der Arbeiten,
- die **Sprache** zwischen Lehrerin und Kind,
- die **Hilfestellung** durch Lehrerin, andere Kinder und Material.

Differenzierung auf der Zeitschiene wird in vielen Klassen gemacht. Schwächeren Kindern länger zur Bearbeitung Zeit zu geben bringt aber eine allseits bekannte Fragestellung mit sich: Was machen jene Kinder, die schon längst fertig sind?

Daher gebe ich wieder die Empfehlung grundsätzlich **unterschiedliche Qualität** anzubieten. Diese Form der inneren Differenzierung lässt keine großen zeitlichen Unterschiede aufkommen. Alle Kinder sind mehr oder weniger zur selben Zeit fertig.

Grundschullehrerinnen haben den großen Vorteil, dass sie „ihre" Kinder und deren Umfeld sehr genau kennen. Sie betreuen im Durchschnitt 25 Schülerinnen/Schüler und das meist vier Jahre lang. Unter diesen Gegebenheiten ist es noch leicht zu sehen, wie sehr jedes Kind einzigartig ist und wie wenig eines dem anderen gleicht, wie also zwischen den einzelnen Kindern differenziert werden könnte.

Auf welche Weise bei welchem Kind differenziert werden kann, verlangt von den Lehrerinnen Fingerspitzen- und pädagogisches Taktgefühl.

1.2.1 Sprache

Intellektuell begabte Kinder brauchen eine bewusst individualisierte Art der Kommunikation. Die Sprache der Lehrerin muss nicht nur klar im Ausdruck, sondern auch eindeutig zu interpretieren sein. Unklarheiten oder Ungereimtheiten führen unweigerlich zu Diskussionen.

Lehrerin: „Max, setz dich nieder!"

Max setzte sich auf den Tisch, auf den Schoß des Nachbarn im Bodenkreis, …

Für ihn war der vage Auftrag eine Provokation, der ich nur mit ganz genauen Formulierungen standhalten konnte.

Daher der genauere Auftrag: *„Setz dich JETZT auf DEINEN SESSEL!"*

Lehrerin: „Gib deine Arbeit ab, wenn du fertig bist!"

Bei B. war dieser Auftrag, der zwar von der Mehrheit der Klasse verstanden und befolgt wurde, nicht individuell genau genug. B. gab selten von sich aus ab, denn aus seiner Sicht war er mit seiner Arbeit nie fertig. Er wusste immer noch Veränderungen und Verbesserungen.

Daher der eindeutige Auftrag: *„Gib mir bitte JETZT dein blaues Heft!"*

Gerade bei Grundschullehrerinnen sind die persönliche Beziehung zu und die individuelle Kommunikation mit dem Kind ein wertvolles Differenzierungsmittel. Je jünger die Kinder sind, desto eher sind sie bereit „für die Frau Lehrerin" auch weniger beliebte Aufträge zu erfüllen.

15,5 Ausreden, warum M. die Schreibschrift ablehnt

M. sah seinem Verständnis nach keine Notwendigkeit, die Schreibschrift zu erlernen. Er konnte schon lange vor Schulbeginn schreiben. Seine Buchstabenformen waren ein Mix aus Block- und Druckschrift. Er schrieb diesen Mix sehr schnell und aus meiner Sicht an der Grenze zur Lesbarkeit.

Erst nachdem ich ihm „anonyme" Briefe in Anlehnung an die Aktion „Die am häufigsten vorgetragenen Ausreden der Wiener Schwarzfahrer" geschrieben hatte, zeigte er sich bereit, die Schreibschrift zu erlernen.

Vielleicht aber auch, weil M. begann mich wirklich zu mögen.

1.2.2 Gespräch

Ein persönliches Gespräch kann bekanntlich sehr viel bewirken. Kinder in dieser Altersstufe reagieren hauptsächlich emotional. Nach einem Gespräch ändern sie ihr Verhalten. Sie öffnen sich oder aber sie blocken ab und „machen zu".

A. bringt in die erste Klasse eine schwierige familiäre Situation mit. Er ist hochaktiv, vermag schwer bis gar nicht ruhig zu sitzen, schaut viel fern und kann dem Unterricht auf Grund seiner Zweitsprache nur bedingt folgen.

Aufträge der Lehrerin, die an die Gesamtheit der Klasse gerichtet sind, hört er nicht. Er kann aus den vielen Worten keinen Bezug zu seiner Person herstellen. Daher folgt er nicht, weil er gar nicht versteht, dass die Aufforderung auch ihn betrifft.

Erst wenn die Lehrerin bereit ist, den Auftrag für seine Person – verbunden z. B. mit einer sanften Berührung an der Schulter – zu wiederholen, kommt er ihm nach.

Durch den ständig wachsenden Bezug zur Lehrerin wird sein Verhalten ruhiger.

Wenn das Kind weiter abblockt, liegt es meiner Erfahrung nach an der Sprache bzw. an der Art der Kommunikation. Mehrere Versuche werden vielleicht nötig sein, um an das Kind heranzukommen. Gerade bei Kindern, deren Erstsprache nicht Deutsch ist, kann es leicht zu Missverständnissen kommen. Nicht immer ist diesen Kindern die Bedeutung einzelner Begriffe klar, und sie fragen mitunter nicht nach.

Differenzierung

Eine Kollegin kommt erschöpft nach 5 Stunden Unterricht ins Lehrerzimmer und beklagt sich mit folgenden Worten über bestimmte „unbelehrbare" Kinder: „Da sage ich fünf Mal das Gleiche und einige kapieren es immer noch nicht!"

Differenzierte Vorgehensweisen, kreative, intuitive neue Wege, wie ich das Kind anreden kann, sind zu suchen und zu erproben.

Auch hier gilt: **Bitte mehr differenzieren!**

1.3 Ist Differenzierung ungerecht?

Aus Gesprächen mit Kolleginnen weiß ich, dass manche von ihnen unterschiedliche Behandlungsformen als ungerecht empfinden. Sie wollen nicht differenzieren, weil sie glauben, dass es richtiger sei, alle gleich zu behandeln. Sie stellen an sich selbst den Anspruch gerecht sein zu wollen/müssen und wehren sich daher gegen differenzierende Vorgehensweisen.

„Gleich zu behandeln" sollte aber heißen „gleichwertig zu behandeln", d. h. vor allem jene Faktoren zu berücksichtigen, die Kinder unterschiedlich machen.

Aus meiner Sicht scheint es eher ungerecht, diese Faktoren nicht zu berücksichtigen.

Ist es denn gerecht, allen die gleiche Behandlung zu geben, obwohl sie unterschiedlich sind und daher Unterschiedliches brauchen?

Natürlich ist es einfacher, alle Kinder gleich zu behandeln und nicht zu differenzieren. Der Arbeitsaufwand ist geringer. Ich brauche als Lehrerin weniger Materialien, weniger kreative Ideen und muss mich insgesamt weniger mit den Schülerinnen und Schülern auseinandersetzen.

Aber: Differenzierung bis hin zur Individualisierung lohnt sich für alle!

- **Die Kinder**

    sind motiviert und bringen entsprechende Leistungen. Sie kommen gerne in die Schule, arbeiten freudig und bemerken nicht nur ihre Erfolge, sondern auch die Erfolge der anderen Schülerinnen und Schüler.

- **Eltern**

    sind zufrieden und motiviert – je nach individuellen Möglichkeiten – am Schulleben teilzunehmen, mitzuarbeiten und die Lehrerin zu unterstützen.

- **Die Lehrerinnen**

    sind durch die Erfolge mit den Kindern und den Eltern hoch motiviert.

- Ein begabungsfördernder Differenzierungssog entsteht!

Dass Differenzierung nicht unbedingt aufwändig sein muss, möchte ich explizit mit den nachfolgenden Beispielen (Leseunterricht, Gedächtnisübung) aufzeigen.

1.4 Beispiele zur praktischen Umsetzung

1.4.1 Deutsch, Lesen

Was brauche ich, um **Leseunterricht differenziert** gestalten zu können?

Unterschiedliche Lesebücher

Ich empfehle bei der Bestellung von Lesebüchern, z. B. für die 3. Klasse, nicht wie gewohnt gleiche Exemplare in Klassenstärke, sondern drei bis vier unterschiedliche Lesebuchtitel zu organisieren. Das zur Verfügung stehende Kontingent pro Kind wird nicht überschritten, wenn bei 26 Kindern die Bestellung z. B. 20 Bücher für die 3. Klasse und 6 Bücher für die 4. Klasse ausmacht.

Weiters stehen oft Gratis-Lesebücher zur Verfügung.

So entsteht im Lesebereich eine „Lesebuch-Bibliothek", die für stärkere und schwächere Leserinnen/Leser Angebote bereithält.

Falls die ganze Klasse gemeinsam einen bestimmten Text lesen soll, so ist es immer noch möglich, je zwei Kinder zusammenarbeiten zu lassen oder die wenigen fehlenden Texte zu kopieren.

Außerdem können die Kinder aus unterschiedlichen Quellen, z. B. themenzentriert, arbeiten.

Statt einen für alle Kinder geltenden gleichen Auftrag zu geben wie „Lest bitte das Wintergedicht im Lesebuch 3 auf Seite 114!" ermöglichen unterschiedliche Lesebücher differenzierte, offene Aufträge: „Finde zum Thema *Winter* Gedichte und Geschichten aus unserer Lesebuchecke!"

Die Differenzierung ergibt sich gleichsam von selbst, denn für einige Kinder ist ein konkreter, einschränkender Auftrag ideal, für akzelerierte Leserinnen/Leser ein offener. Die Kinder wählen ihrem Leistungsstand und ihrem Interessensgebiet entsprechend aus.

Unterschiedliche Textgattungen: „Vom Zungenbrecher bis zur Heldensage"

Lesebücher bieten im Allgemeinen viele verschiedene Textgattungen an, aber meist nur wie Kostproben zum Kennenlernen. Meine Lesebuchbibliothek mit Büchern aus verschiedenen Schulstufen und von verschiedenen Verlagen hilft mir, mehr als Kostproben anbieten zu können.

Der weitere Vorteil der Lesebuchbibliothek ist, dass sie Differenzierung in beide Richtungen ermöglicht: Sprachbegabte Kinder lieben Codierungen wie Geheimschriften und Rätsel, mögen Witze, griechische, römische und germanische Sagen, philosophieren gerne über Aussagen oder die Moral einer Fabel.

Eine Differenzierung „nach unten" – z. B. einfache Texte mit Bildern – hat daneben genauso Platz.

Meine Aufgabe als begabungsfördernde Lehrerin ist es, immer wieder neue Texte bereitzustellen und auf die Interessen der Kinder einzugehen.

Differenzierte Lese- und Lernmaterialien

Kinder mögen Reime und Gedichte. Ich bereitete für jede Woche Gedichte vor, die unterschiedliche Sprachniveaus haben.

Schon von Schulbeginn an war es jede Woche gemeinsames Ziel, ein oder mehrere Gedichte auswendig zu lernen. Ich stellte ein differenziertes Angebot zusammen, kopierte und folierte es.

Die Differenzierung ergab sich durch die Anzahl der Strophen, durch die einfachen oder komplexen Reime, durch Memorierhilfen wie Bilder und Symbole, die Schrift, in der die Materialien angeboten wurden, usw. Kindern macht es Spaß, lustige Reime zu lernen, die auch die Merkfähigkeit trainieren und das Sprachgefühl fördern.

Manchmal war das Angebot für einige Kinder mit nichtdeutscher Muttersprache zu schwierig. Es genügte mir – und auch dem Kind –, das gewählte Gedicht flott vorzulesen oder nur eine Strophe davon zu lernen.

Kurzreferate über empfehlenswertes Lesematerial

Referate und Buchpräsentationen werden in fast jeder Grundschule gehalten, aber meist erst ab der Grundstufe 2.

Interessierte, begabte Kinder können meiner Erfahrung nach schon ab der ersten Klasse kleine Referate und Präsentationen in Einzel- oder Partnerarbeit darbieten.

Nicht jedes Kind wird ein (Kurz-)Referat schon in der Grundstufe 1 bewältigen, aber einige Kinder sind sicher in jedem Klassenverband dabei.

Referate und kleine Präsentationen haben auch den Vorteil, dass begeisterte Leserinnen/Leser weniger begeisterte verlocken, es ihnen gleichzutun. Interessante Bücher werden von einzelnen Kindern der gesamten Gruppe vorgestellt. Im Laufe der Zeit haben immer mehr Kinder Lust, auch ein Referat zu halten. Die Kinder lernen schon in der Grundschule Präsentationstechniken, die wiederum für jede weiterführende Schule nützlich sind.

Ein begabungsfördernder Sog entsteht!

Texte von Kindern als Lektüre für die Klasse

Oft verfassen sprachbegabte Kinder Texte: in der Freiarbeitszeit, als Hausübung oder einfach aus reiner Lust am Schreiben. Ich empfehle, gelungene Werke für alle Kinder zugänglich zu machen.

Die Arbeiten können in Form von kleinen Büchern, illustrierten Mappen, Karteien, als Schultagebuch – „Schulgeschichten der 3c", Antworttexte, Wandzeitungen, Schülerzeitungen, Stiegenhausgedichte, ... der Allgemeinheit präsentiert werden.

Die Lehrerin – manchmal auch das Kind selbst – bereitet diese Werke entsprechend auf.

Vorlesen

Vorlesen bleibt häufig auf die Grundstufe 1 beschränkt. Nach meiner Erfahrung lieben es Kinder jeder Grundschulstufe, wenn ihnen lustbetont von der Lehrerin oder besonders tüchtigen Leserinnen/Lesern vorgelesen wird. Overheadbilder können die Aufmerksamkeit und Anschaulichkeit steigern.

Viele Kinder schaffen es kaum, „nur zuzuhören", und werden schnell unruhig. Lehrerinnen sollten günstige Rahmenbedingungen schaffen, um Unruhe zu vermeiden.

Daher empfehle ich Vorlesen
- in Kombination mit Jause essen.
- nach einer Turnstunde.
- nach einer Einheit im Freien.
- in Verbindung mit der Möglichkeit, geräuschlos zu zeichnen. Dafür müssen die Bedingungen schon vor dem Vorlesen geschaffen werden. Stifte und Papier müssen vorbereitet sein, denn sonst entsteht Unruhe. Malen mit Deckfarben oder dergleichen ist nicht zu empfehlen, denn da passieren leicht „Unfälle": Malbecher kippen um, Kinder verletzen sich beim Schneiden usw.

Dazu kommt noch, dass häufiges Vorlesen aus interessanten Büchern einige Kinder erfahrungsgemäß auch zum Selber-Lesen verlockt.

Aufnehmen der Lesetexte auf Kassette

Von Kindern selbst verfasste Texte werden eventuell mit verteilten Rollen oder mit akustischen Gestaltungselementen wie Musik oder Geräuschen auf Kassette aufgenommen. Die gut gelungenen Texte erfahren so eine höhere Wertschätzung.

Auch bei dieser Gestaltungsform kommt es vor, dass ein leistungsstärkeres Kind den Anfang macht. Gut gelungene Werke verlocken wiederum manch andere Kinder, es ebenfalls zu versuchen.

Differenzierung mit Lesepass

Die Arbeit mit Lesepässen (Leseführerscheinen, Leseportfolios) ist grundsätzlich auf jeder Schulstufe zu empfehlen.

Häufig bekommen alle Kinder den gleichen Lesepass, obwohl sie unterschiedliche Leseleistungen erbringen. Für viele Kinder passt das Angebot, für einige jedoch ist es zu leicht, für einige zu schwierig.

Eine Differenzierung nach Qualität und Quantität ist relativ einfach zu organisieren. Differenzierung nach Qualität meint: Einige Kinder bekommen akzelerierte Angebote, komplexere Geschichten oder Sachtexte, andere wiederum bekommen kurze, leichte Texte – jede(r) nach entsprechendem Leistungsstand.

Die Lesepässe schauen nur nach außen gleich aus, sind jedoch nach innen verschieden. Auch die Anzahl der zu lesenden Texte oder Bücher wird unterschiedlich sein (Differenzierung nach Quantität).

Eine weitere Differenzierung kann der Zeitrahmen sein, in dem ein Lesepass fertig sein soll.

Nach gemeinsam besprochenen Kriterien tragen die Kinder ihre Bewertung in ihren Lesepass ein, z. B. Autor, Titel, Seitenzahl, Symbole für „Wie hat es mir gefallen?", ausgelesen am _____ .

Um die Attraktivität zu bewahren, empfehle ich, nur in bestimmten Zeiträumen im Schuljahr mit Lesepässen zu arbeiten. Es sollte etwas Besonderes bleiben, mit Lesepässen zu arbeiten.
Bei jüngeren Kindern ist ein zusätzlicher Anreiz durch Aufkleber, Stempel u. Ä. nützlich.

Manche Kolleginnen lehnen differenzierte Lesepässe mit der Begründung ab, dass es schwierig sei, all die unterschiedlichen Bücher zu kennen und in weiterer Folge zu überprüfen, ob die Kinder sie auch tatsächlich gelesen haben.

Die Überprüfung ist aber relativ einfach: Ich bitte das Kind, das gelesene Buch in die Schule mitzubringen und stelle ihm konkrete Fragen zum Inhalt oder zu Bildern. Werden meine Fragen ausreichend beantwortet, bekommt das Kind den Stempel, das Pickerl usw. Diese Kurzkontrolle kann als Station im Wochen- oder Tagesplan, in der Pause oder auch im Plenum (z. B. Sitzkreis) erfolgen.

Erfahrungsgemäß gibt es natürlich Kinder, die versuchen, es sich leicht zu machen, und nur den Anfang lesen, aber trotzdem einen Stempel haben wollen. Daher ist es wichtig, dass die Kontrollfragen konkret und nicht allgemein gehalten werden.

Differenzierter Umgang mit einheitlicher Klassenlektüre

In Schulbibliotheken liegen oft Klassiker der Kinderliteratur in Klassenstärke auf.

Das folgende Beispiel zeigt, wie ich differenzieren kann, obwohl alle Kinder den gleichen Lesestoff haben:

Alle Kinder haben das gleiche Buch bzw. die gleichen Texte in Händen. Schreibmaterialien (Papier, schwarze Filzstifte) stelle ich zentral bereit.
Flotte Leserinnen/Leser bekommen den Auftrag, nach dem Fertiglesen für die Gruppe Fragen aufzuschreiben und diese im Anschluss als kleine Lernzielkontrolle den anderen Schülerinnen/Schülern zu stellen.
Einige Kinder erstellen zum Text passende kleine Zeichnungen.
Im gemeinsamen Abschlusskreis werden dann sowohl die Zeichnungen präsentiert, als auch die Fragen an die Gruppe gestellt.

Öffentliche Bibliothek – Schulbibliothek – Klassenbibliothek

Auch wenn viele Kinder zu Beginn der ersten Klasse noch nicht lesen können, ist es durchaus sinnvoll, schon innerhalb der ersten Wochen mit ihnen eine **öffentliche Bibliothek** aufzusuchen.
Durch das breite Angebot, das jede Schulbibliothek bei weitem übertrifft, gibt es für alle Kinder Angebote. „Noch-Nicht-Leserinnen/Leser" finden genauso wie „Bereits-Leserinnen/Leser" ihr forderndes und förderndes Material. Das breite differenzierte Angebot und die riesige Auswahlmöglichkeit unter den vielen Büchern verlocken die Kinder zum Lesenlernen.
Mit der Hilfe der Lehrerin und der Bibliothekarin können die Kinder den passenden Lesestoff finden.
Mit den Besuchen einer öffentlichen Bibliothek wird außerdem die mögliche Schwellenangst vor der Benützung solcher Einrichtungen genommen.

Schon ab der dritten Schulwoche besuchten eine meiner Klassen und ich jeden Monat die Städtische Bücherei. Eine eigene Entlehnkarte zu besitzen macht Spaß und kostet nichts.
Meine langjährige Erfahrung zeigte auch, dass Entlehnkarten gerne verloren gehen oder am entscheidenden Tag vergessen werden. Daher verwahrte ich sie und gab sie nur in Ausnahmefällen, z. B. vor den Ferien, aus der Hand.
Zur Vorbereitung gehörte, dass die Kinder ihre Stofftasche zum Transportieren der Bücher gemeinsam mit der Werklehrerin bemalten.

Bibliotheksbesuche wurden mittels Elternbrief angekündigt. Die Eltern wurden besonders zu Beginn um ihre Mithilfe gebeten. Es passierte bei einigen Kindern mehrmals, dass sie ihre Bücher trotz der Erinnerung durch den Elternbrief nicht dabeihatten. Die Entlehnzeit wurde dann verlängert – ist auch per Internet oder Telefon möglich – und manchmal wurden auch Mahnspesen eingehoben: eine Maßnahme, die mir als Lernprozess bei der Benützung von Bibliotheken pädagogisch wichtig und lebensnah erscheint.

In bestimmten Einheiten kann zusätzlich – falls vorhanden – die **Schulbibliothek** benützt werden. Auch hier werden einige Kinder vertieft lesen, andere werden gemeinsam ein Sachbuch durchschauen, manche werden die Hilfe der Lehrerin benötigen, um sich zurechtzufinden.

In der **Klasse** gibt es eine Lesebuchecke, wechselnde Angebote auf Büchertischen, Fensterbrettausstellungen zu einem bestimmten Themen- oder Sachkreis und dergleichen.

Manche Kolleginnen sind der Meinung, dass eine Klassenbücherei ausreicht. Andere wiederum finden, die Schulbibliothek decke die Bedürfnisse der Kinder ausreichend ab. Ich hingegen meine, dass sowohl die öffentliche als auch die schulinternen Bibliotheken im Sinne der Differenzierung und der Leseförderung in regelmäßigen Abständen aufgesucht werden sollten. Alle drei Einrichtungen sind lese- und begabungsfördernd und für Differenzierung bestens geeignet.
Sie schließen einander nicht aus.

Natürlich ist der Besuch einer öffentlichen Bibliothek mitunter eine mühsame Angelegenheit. Begleitpersonen müssen organisiert und mit dem Ablauf vertraut gemacht werden, Termine dürfen nicht übersehen und Elternbriefe verfasst werden, damit möglichst alle Kinder ihre ausgeliehenen Bücher auch am Bibliothekstag dabeihaben. Ich versuche Besuchstermine außerhalb der regulären Öffnungszeiten zu bekommen.
Die Mühe lohnt sich. Die Kinder sind motiviert und genießen das Stöbern. Manche beginnen schon am Heimweg in der Straßenbahn zu lesen …

Lesespiele

Im Handel erhältliche oder selbst gefertigte Lesespiele kommen der Freude des Kindes am Spiel entgegen und können für die individuelle lustbetonte Leseförderung eingesetzt werden.

Lesespiele können auch sehr gut in Förderstunden oder als Station am Tages- oder Wochenplan Verwendung finden.

Lesen am Computer

Für jede Schulstufe bzw. jedes Leseniveau gibt es Programme im Internet und spezielle Software, die Lesen attraktiv machen.

Falls zwei oder mehrere Computer in der Klasse vorhanden sind, kann ein Rechner mit leichteren und ein anderer mit komplexeren Leseangeboten verwendet werden. Eine einfache, nicht aufwändige Differenzierung!

Lesen am Computer (1. Klasse)

„Juhu, Lesenacht!" (2. Klasse)

1.4.2 Wie kann ich Gedächtnisübungen differenzieren?

Gedächtnisübungen geben auch weniger lernstarken Kindern die Möglichkeit, eine für sie motivierende Leistung zu erbringen. Gibt es ein differenziertes Angebot und wird fleißig geübt, steht einer gelungenen und erfolgreichen Gedächtnisübung nichts im Wege.

Folgender Text aus meiner Arbeit in einer 4. Klasse enthält einerseits Lernwörter der Woche und andererseits Fehlerwörter aus Aufsätzen der Vorwoche.

Lehrerin: „Bitte schreibe den Text wie immer sorgfältig ins rote SÜ-Heft, unterstreiche die Schwierigkeiten und **lerne den Text schon am Anfang der Woche!**"

Der schwierige Text:

Faschingszeit – Heiterkeit

Bald wird überall Fasching gefeiert werden. Die Leute verwenden zum Schmücken und zum Dekorieren viele verschiedene bunte Materialien.

Wir werden unterschiedliche Spiele spielen und vielleicht auch eine Zaubershow genießen können.

Unser Schulfasching wird zu Beginn des Monats Februar stattfinden.

Bis dahin müssen wir noch einiges lernen, z. B. das Dividieren mit zwei Zahlen und das Bestimmen von Satzgliedern.

Wäre es nicht klug, sich schon jetzt ein Faschingskostüm zu überlegen, ja sogar selber zu entwerfen? Fällt dir etwas Passendes ein?

Ich werde als _____ verkleidet sein.

Der einfache Text:

Faschingszeit – Heiterkeit

Bald wird überall Fasching gefeiert werden. Die Leute verwenden zum Schmücken viele verschiedene bunte Materialien.

Wir werden unterschiedliche Spiele spielen. Vielleicht werden wir auch eine Zaubershow genießen können.

Unser Schulfasching wird Anfang Februar sein.

Bis dahin müssen wir noch einiges lernen, z. B. das Dividieren mit zwei Zahlen.

Wäre es nicht klug, sich schon jetzt ein Faschingskostüm zu überlegen?
Fällt dir etwas Passendes ein?

Ich werde als _____ verkleidet sein.

Ich schreibe Texte für Ansagen und Gedächtnisübungen am Computer, und so ist es ein geringfügiger Aufwand, aus einem Kerntext mehrere differenzierte Texte zu machen. Für einige Kinder, z. B. mit nichtdeutscher Muttersprache, vereinfache ich den einfachen Text noch mehr, indem ich mit Leuchtstift individuell einzelne Sätze heraussuche und markiere.

Grundsätzlich entscheidet jedes Kind, welchen Schwierigkeitsgrad es wählt.
Meiner Erfahrung nach schätzen sich Kinder sehr gut selbst ein und wählen die Schwierigkeit, die auch ich für sie ausgewählt hätte. Selten wählen Kinder, die gute Leistungen erbringen können, unter ihrem Niveau. Wenn das mehrmals der Fall sein sollte, so ist es meine Aufgabe als Lernbegleiterin steuernd einzugreifen.
Mit den Eltern der Klasse war diese differenzierte Vorgehensweise im Zuge von Elternabenden besprochen worden. Natürlich gab es auch Eltern, die auf den akzelerierten Text bestanden und mit dem Kind intensiv übten. Das ist legitim und erfordert keinen Eingriff meinerseits.

2 „Begabendes" Umfeld

Begabungsförderung geht von dem **pädagogischen Ansatz** aus, **dass Schule und Elternhaus nicht auf die Defizite eines Kindes, sondern vor allem auf seine Begabungen und Stärken das Hauptaugenmerk legen sollten.**

Ein „begabendes" Umfeld kann nur dann entstehen, wenn die Bereitschaft aller Beteiligten vorhanden ist, unterschiedliche Leistungen auf verschiedenen Gebieten als Bereicherung des gemeinsamen Lernens zu erkennen und individuelle Besonderheiten zu respektieren, also zu **differenzieren.**

Die Praxiserfahrung zeigt,
- dass **jedes Kind** Stärken hat,
- dass es für den Betreuenden **Begabungen** und Interessen **aufzuspüren** gilt, wofür das Kind besonders und vielleicht sogar hervorragend geeignet ist,
- dass dem Kind die Möglichkeit gegeben werden sollte, **selbst Fähigkeiten** an sich zu **entdecken**,
- dass zu den intellektuellen Begabungen **auch lebenspraktische Fähigkeiten** und **Fertigkeiten** notwendig sind, um im weiteren Leben erfolgreich sein zu können.

Die motivierende Lernatmosphäre, die durch diesen Ansatz entsteht, zieht **alle** mit.

Die **Herausforderung für uns Lehrerinnen** besteht darin,
- die verschiedenen Lerntypen am Kind zu erkennen und in weiterer Folge die Lernangebote darauf abzustimmen,
- Angebote für alle Begabungsarten bereitzustellen,
- immer wieder Sinn und Zweckmäßigkeit des Geforderten zu hinterfragen,
- eigene starre Muster abzulegen,
- auch über Umwege die Voraussetzungen zur Erreichung von Lernzielen zu schaffen, z. B. Schulung der Feinmotorik durch Kneten, Basteln, Drucken, … als Basis für eine akzeptable Handschrift.

Mir war es immer wichtig, dass die Kinder eine Überschrift schreiben, am besten in Farbe, und danach eine Zeile frei lassen, bevor der Haupttext beginnt. Lange Jahre habe ich mit Nachdruck darauf bestanden.

Erst die Diskussionen mit besonders begabten Kindern, die auch Unterschriften witzig fanden, Farbstiften keine Bedeutung beimaßen und mich auf meine Muster „So muss eine Überschrift sein!" ansprachen, bewirkten ein Umdenken.

M.: „Überschriften sind doch Blödsinn. Wer sagt dir das? Vielleicht der Stadtschulrat?"

Jetzt mache ich einen Vorschlag für die Gestaltung der Überschrift und freue mich über kreative Lösungen wie Schlagzeilen als Überschrift, andere Schriften und akzeptiere auch, dass keine Überschrift die Arbeit ziert.

2.1 Angebote

Durch das Bereitstellen **vielfältiger Materialien**, die den unterschiedlichen intellektuellen Niveaus entsprechen,
- werden Neigungen und Begabungen vom Kind **selbst** entdeckt.
- werden Kinder durch **fortgeschrittene Lernerinnen/Lerner** zum Nacheifern **stimuliert**.

- geht der Impuls **vom Material** bzw. **von den Mitschülerinnen/Mitschülern aus** und erst in weiterer Folge von der betreuenden Lehrkraft. So kommt es gleichzeitig zu einer Entlastung der Lehrerin.
- werden Neigungen und Begabungen von der Lehrkraft an Kindern entdeckt, die unter weniger begabungsfördernden Umständen verborgen geblieben wären.

Die 2c besuchte zum ersten Mal den neu gebauten, riesigen Turnsaal der Schule. Alle Kinder liefen voll Freude herum und genossen die Weite. Nicht so Ph., ein technisch besonders begabter und interessierter Bub. Er untersuchte fast die ganze Turnstunde lang alle technischen Details des Turnsaals. Es war für mich sehr aufschlussreich zu beobachten, wie geschickt er an die Schalter und Hebel heranging. Auch er genoss den neuen Turnsaal, nur eben auf seine Art.

Werden in einer Kindergruppe **die jeweiligen Begabungen jedes einzelnen Kindes gewürdigt und benannt** und bekommen Kinder die **Möglichkeit zur Darbietung** ihrer Stärken, so wirkt das **Umfeld begabend für alle**.

Mag sein, dass einige Kolleginnen beim Durchlesen der folgenden Beiträge den einen oder anderen Beitrag wiederfinden, den sie auch mit „ihren Kindern" machen. Mir ist es wichtig, den Unterschied zwischen einer sich zufällig ergebenden Begabungsförderung und einer bewussten, alle Begabungen aufspürenden Förderung klarzustellen.

Die begabungsfördernde Lehrerin macht sich **bewusst** auf die Suche nach Begabungen, und zwar bei jedem Kind.

- Vorführung eines Kunststückes im Turnsaal
- Vortrag über ein selbst gewähltes Spezialgebiet
- Referat über ein gelesenes, empfehlenswertes Buch
- Kopie einer gelungenen Geschichte für interessierte Mitschülerinnen/Mitschüler
- Konzertstunde aller Musikerinnen/Musiker einer Klasse
- „So rechnet mein großer Bruder im Gymnasium"

„Wir zeigen gerne, was wir können!" (4. Klasse)

Max am Klavier

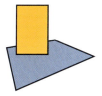

„Begabendes" Umfeld

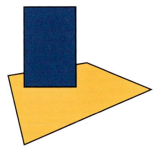

Clara, Nicole und Lena

Bei gelungener Anwendung dieses pädagogischen Prinzips des begabenden Umfelds gibt es auch ausreichend Raum für **soziales/emotionales Lernen**, welches die ganzheitliche Förderung von Kindern ermöglicht.

Die Lernbegleitung von begabten und hochbegabten Kindern ist eine herausfordernde und arbeitsintensive Aufgabe.

Garantierte Erfolgserlebnisse durch diesen pädagogischen Ansatz motivieren – auch bei mitunter mehr Arbeitsaufwand –, diesem Weg weiter zu folgen.

3 Grundsätze der Begabungsförderung durch Differenzierung

ZIEL eines begabungsorientierten Unterrichts sollte es sein, die Begabungen jedes Schülers und jeder Schülerin nach deren individuellen Fähigkeiten zu fördern.
Wie kann Unterricht begabungsfördernd sein?

Als Lehrerin benötige ich einen „stärkenorientierten" Blick, um die Neigungen und Anlagen der Kinder wahrnehmen zu können.

Diesen Blick bekomme ich einerseits durch den **Glaubenssatz**, dass alle Kinder Begabungen unterschiedlichen Niveaus haben, und andererseits durch das bewusste Hinschauen auf ihre Fähigkeiten und Fertigkeiten.

Das ist vielleicht anfangs schwierig und dauert wahrscheinlich bei Schulneulingen zwei bis drei Wochen. Bei wenigen Kindern kann zu meiner pädagogischen Kindbeobachtung eine zusätzliche Information notwendig sein. Einzelne Kinder wollen oder können trotz enormen Potenzials nicht zeigen, was in ihnen steckt. Die Ursachen dafür sind vielfältig und hängen oft nicht direkt mit dem schulischen Umfeld zusammen. Manche Kinder, die grundsätzlich Kraft und Potenzial hätten, haben Schwierigkeiten, ihr Potenzial vor allem in schulische Leistungen umzusetzen. Bei diesen Kindern bin ich als Lehrerin besonders gefordert, mit den Eltern und anderen Personen wie Horterzieherinnen und Kindergärtnerinnen zusammenzuarbeiten.

Manchmal helfen psychologische Gutachten, um das Kind ganzheitlich und schärfer sehen zu können.

> Bei einer pädagogischen Konferenz zum Thema „Begabungsförderung" in einer Wiener Volksschule fragte ich eine Kollegin einer 1. Klasse, wie viele ihrer Kinder schon lesen könnten oder knapp davor stünden. Sie konnte die Frage nicht beantworten, mit der Begründung, dass erst ein paar Wochen Schule sei und sie die Kinder noch nicht so gut kenne.
>
> Ich finde gerade den Schulbeginn besonders bedeutsam für die kommende lange Schulzeit. So können z. B. nicht erkannte Lesefähigkeiten extrem frustrieren und negative Folgen haben, wie Lernverweigerung, Schulunlust, psychosomatische Störungen usw.

Unterricht soll begabungsorientiert gestaltet werden. Ziel führend ist es, möglichst **viele Unterrichtsformen**, abgestimmt auf die individuellen Begabungskategorien, anzubieten.
Für jedes Kind sollte mindestens eine Form dabei sein.

Für viele Kinder sind offene Lernformen optimal, für andere ist gebundener, lehrerzentrierter Unterricht die geeignete Unterrichtsform. *Die* Methode gibt es aus meiner Sicht nicht. Kinder sind unterschiedlich. Daher müssen auch die Methoden unterschiedlich sein und einander abwechseln.

Weiters müssen **Lernumgebung**, **Lernorganisation**, **Zeitpunkt** und **Zeitraum**, **Lehrperson**, **Modelle** und **Maßnahmen** passen, um Differenzierung und Begabungsförderung erfolgreich umsetzen zu können.

Die Umsetzung in die Praxis ist sowohl in den verschiedenen Schulformen als auch in den einzelnen Schulstufen nicht unbedingt einfach.

Im Folgenden werde ich meine aus der Praxis gewonnenen Erfahrungen und Gedanken der Reihe nach vorstellen.

3.1 Lernumgebung

Um die Lernumgebung begabungsorientiert ausrichten zu können, werden viele **Materialien** benötigt, die grundsätzlich für **alle Schülerinnen/Schüler zugänglich** sein müssen, wie zum Beispiel:

- Lernmaterialien zur Differenzierung sowohl für schnellere als auch für langsamere Lernerinnen/Lerner,
- Bücher, Spiele, Karteien, ...,
- Internet als zeitadäquates Medium, um Wissen zu erweitern und zu vertiefen,
- die Einrichtung eines Ressourcenraumes oder einer Ressourcenecke, wo Materialien zur Bereicherung dargeboten werden.

Für diese Materialien muss im Klassenraum Platz geschaffen werden. Bei Seminaren höre ich bisweilen, dass einige Kolleginnen meinen, dass ihr Klassenraum zu klein sei. Aber bei genauer Betrachtung und kreativer Vorgehensweise geht es dann doch. Ein gewisses Maß an Mut zu Neuem und Einfallsreichtum werden die Umsetzung möglich machen. Meistens hilft es, Eltern zur Mithilfe einzuladen.

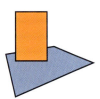

Beispiele für Lernumgebung/Lernorganisation

3.2 Lernorganisation

Differenzierung und Begabungsförderung müssen organisiert werden, um zu gelingen. Die Literatur sieht für verschiedene Organisationsformen einige Fachausdrücke vor, die im Zusammenhang mit Begabungsförderung immer wieder vorkommen. Diese möchte ich zum besseren Verständnis kurz vorstellen.

Innere Differenzierung oder Binnendifferenzierung

Innerhalb einer Gruppe werden **unterschiedliche Lernangebote** (differenziert nach Qualität und Quantität) geschaffen, die von den Schülerinnen/Schülern individuell in Hinblick auf Zeit, Ausführung, Sozialform usw. wahrgenommen werden.

„Gedichte der Woche"

Meine Klasse bekam jede Woche Gedichte zum Auswendiglernen. Diese lagen, auf buntem Karton kopiert und meist foliert, an einem bestimmten Platz im Klassenraum.

Eines der Gedichte hatte mehrere Strophen, ein zweites vielleicht nur eine Strophe und ein drittes bestand aus kurzen einfachen Reimwörtern. Bilder dienten beim einfachen Gedicht noch als zusätzliche Memorierhilfe. Für jedes Niveau war gesorgt.

Jedes Kind griff nach „seinem" Gedicht.

Natürlich wählte auch manchmal eine gute Lernerin/ein guter Lerner ein zu einfaches Gedicht, aber es war meine Aufgabe zu steuern. Einige Kinder wiederum hatten großen Spaß daran, alle Gedichte aus dem Angebot der Woche zu lernen. Andere wurden animiert, ein eigenes Werk in Anlehnung an die gebotenen zu dichten.

Bei Kindern mit geringem Wortschatz reichte es fürs erste, das Gedicht flott vorzulesen.

Kinder benötigten dafür unterschiedlich viel Zeit. Kinder mit hoher Speicherkraft lasen sich das schwierige Gedicht ein paar Mal halblaut vor und schon konnten sie es wiedergeben. Kinder mit einer weniger guten Speicherkraft suchten sich meist intuitiv eine starke Partnerin/einen starken Partner und lernten zu zweit oder zu dritt.

Gedichte waren Teil der Wochenplanarbeit. Die Kinder kamen zu mir oder einer helfenden Mutter, trugen mir das Gedicht vor, und die Station wurde am Wochenplan abgestempelt.

Äußere Differenzierung

Schülerinnen/Schüler-Gruppen oder auch einzelne Schülerinnen/Schüler werden unter **räumlicher Trennung** nach unterschiedlichen Bildungszielen unterrichtet.

Zwei Buben einer 3. Klasse besuchen für zwei Einheiten pro Woche den Unterricht einer 4. Klasse. Ihre Stärken liegen in der Mathematik. Sie nehmen am Unterricht der 4. Klasse vollwertig teil, bekommen Hausübungen, machen Schularbeiten und Rechenproben mit, wenn sie diese Herausforderung wollen. Anschließend gehen sie selbstständig wieder in ihren Klassenverband zurück.

Akzeleration

Akzeleration meint ein **schnelleres Fortschreiten** innerhalb eines Lernstoffs.

- Arbeiten im Lehrbuch einer höheren Schulstufe
- Überschreiten des in der jeweiligen Schulstufe vorgesehenen Zahlenraumes
- Lesematerial für die nächsthöheren Schulstufen
- **Überspringen** einer Schulstufe

Enrichment

Enrichment meint eine **Anreicherung** des Lernstoffs mit erweiternden und vertiefenden Inhalten, die über den herkömmlichen Kernstoff hinausführen.

Kernstoff	Enrichment
Laubwald/ Nadelwald/ Mischwald	Regenwald
Gebäude an der Ringstraße	Biografie eines Erbauers oder Bewohners
Bundesländer und angrenzende Staaten	Länder der EU, Europa, Staaten Amerikas/Afrikas
Divisionen mit gemischten Zehnern	Divisionen mit Kommazahlen
Rechteck und Quadrat	Rechteck und Quadrat Arbeit mit Zirkel und Geodreieck
Gedichte	Gedichte Elfchen, Haiku, Zungenbrecher

In der Praxis kommen Enrichment und Akzeleration selten in reiner Ausprägung vor.

„Regenwald"

Für Kinder, die über den Kernstoff schon ausreichend Bescheid wissen, bereite ich Materialien über den Regenwald vor. Daraus ergibt sich, je nach Material und Interesse, z. B. das Thema „Medizin aus dem Regenwald" oder „Der Pfeilgiftfrosch – ein interessantes Tier".

„Regenwald" ist eigentlich kein Thema der Grundschule, kann aber im Sinne der Bereicherung für gut begabte Kinder angeboten werden. „Regenwald" als Lernstoff bzw. Kernstoff gehört an sich in den naturwissenschaftlichen Bereich der Sekundarstufe 1.

Enrichment und Akzeleration verschmelzen in optimaler Weise.

3.3 Zeit

Einer der wichtigsten Aspekte im Zusammenhang mit Differenzierung ist **Zeit**.
Kinder benötigen Zeit, um die Lernumgebung zu erforschen, Materialien durchzuarbeiten und ihren Interessensgebieten nachgehen zu können.

Wie kann ich Zeit zur Verfügung stellen? Wann gebe ich den Kindern diese benötigte Zeit?

Möglichkeiten

- Stationen im Tages- oder Wochenplan geben Zeit, um Materialien durchzuarbeiten.
- Die freie Themenstunde gibt eine Einheit lang Zeit, das individuelle Interessensgebiet zu bearbeiten.
- Individualisierte Hausübungen bieten die Möglichkeit, eigenen Begabungen nachzugehen.
- Das Drehtürmodell ermöglicht es einigen Kindern, Spezielles zu bearbeiten.

Nicht nur Schülerinnen/Schüler, die mehr lernen wollen, mehr lernen können und ein höheres Lerntempo haben, profitieren von so gestalteten Angeboten. Letztlich erlebt der gesamte Klassenverband ein begabungsfreundliches Umfeld.

Genauere Ausführungen zu den verschiedenen Möglichkeiten finden sich im Kapitel „ Modelle und Maßnahmen" (Seite 27 ff.).

3.4 Lehrperson

Nicht alle Kinder brauchen dasselbe Angebot. Kein Kind gleicht dem anderen. Einzelne Merkmale, Interessensgebiete, Verhaltensweisen, Stärken und Schwächen können einander ähnlich sein, werden jedoch in seltenen Fällen gleich sein.
Jedes Kind ist einzigartig.

Als Lehrerin muss ich mich fragen, wie gut ich eine mir anvertraute Kindergruppe kenne. Das Kind in seiner Gesamtpersönlichkeit interessiert mich.

- Weiß ich von den Stärken „meiner" Kinder?
- Weiß ich, was sie in der Freizeit interessiert?
- Weiß ich, worüber sie gerne lernen wollen?
- Kann ich Lerntypen zuordnen und bemerke ihre Lerntechniken?
- Bin ich vielleicht vorschnell bei der Zuordnung von Lernschwächen?
- Kann ich einzelne Begabungen erkennen und benennen?

Wählen Sie gedanklich ein Kind Ihrer Klasse aus und versuchen Sie die einzelnen Fragen zu beantworten. Vielleicht helfen Notizen, den Überblick zu bewahren.

Als Pädagogin das Kind zu beobachten, es wahrzunehmen und in seiner Gesamtpersönlichkeit zu respektieren ist für mich die Grundvoraussetzung für jede Differenzierung.

Die Stärken des einzelnen Kindes hervorzuheben stärkt sein Selbstwertgefühl und hilft dem Kind, seine möglichen Schwächen leichter zu überwinden.
Nur stärkenorientierter Unterricht kann begabungsfördernd sein. Hinweise auf Defizite zerstören jegliches Selbstwertgefühl.

3.5 Meine Stärken als Lehrerin

Weiters muss ich als Lehrerin auch ein wenig in mich gehen und mir selbst die Frage nach meinen eigenen Begabungen und Schwächen stellen.

- Was kann *ich* gut? Wo liegen *meine* Stärken und Schwächen?
- Welches Fach liegt *mir*?
- In welcher Stimmung fühle *ich mich* besonders angenehm in der Klasse?
- Was kann *ich* verändern, um *mich* in und mit meiner Klasse wohl zu fühlen?

Viele Erwachsene wissen schnell eine Antwort auf die Frage, was sie *nicht* können. Bei der Frage, was sie sehr gut können, ist die Beantwortung schon schwieriger.
Gerade als Lehrerin sollte ich mir die zentrale Frage, wo meine Stärken und Schwächen liegen, immer aufs Neue stellen und versuchen, Teile meines Unterrichts danach zu gestalten.

Nehmen Sie ein Blatt Papier und teilen Sie es in zwei Spalten! Eine Spalte ist für Ihre Begabungen und Neigungen, eine Spalte für Defizite und Schwachstellen. Notieren Sie die gefundenen Punkte!
Eine Besprechung mit einem „critical friend" könnte hilfreich sein.

Den Unterricht nach diesem persönlichen Begabungsprofil zu gestalten, an und mit den eigenen Fähigkeiten zu arbeiten, das macht die begabungsfördernde Lehrperson aus.

In vielen Grundschulen stehen Kolleginnen zu ihren Stärken und Schwächen und finden schulinterne Lösungen, die folgendermaßen aussehen:

Kollegin A übernimmt auf Grund ihrer Begabung den Musikunterricht der Nachbarklasse, Kollegin B übernimmt im Gegenzug eine Englischeinheit.

Ein begabungsfördernder Tausch ist im Schulalltag nur mit Personen langfristig umsetzbar, die bereit sind, trotz vielleicht auftretender Schwierigkeiten oder Missverständnisse das Positive an diesem stärkenorientierten Modell zu erkennen.

Leider werden gute Ideen oft schnell verworfen, wenn bei der Durchführung Schwierigkeiten auftreten. Es können vielfältige Gründe die Ursache sein, wie z. B. mangelnde Kommunikation oder unterschiedliche Unterrichtsstile.

Überlegen Sie bitte, mit welcher Kollegin/welchem Kollegen Sie nach diesem Modell zusammenarbeiten könnten!

Was brauchen Sie, damit die Durchführung erfolgreich wird?

Beziehen Sie in Ihre Überlegungen auch Kolleginnen mit ein, die nicht in der Parallelklasse arbeiten.

3.6 Häufig gestellte Fragen

In diesem Kleinkapitel habe ich Fragen zusammengetragen, die mir bei meinen Fortbildungsveranstaltungen und Seminaren immer wieder von Kolleginnen gestellt wurden. Ich bin überzeugt, dass Sie sich schon ähnliche Fragen gestellt haben.

- „Und wie schaffe ich allein Differenzierung mit 25 Kindern?"
- „In meiner Klasse sind 26 Kinder. Ich habe zehn verschiedene Nationalitäten und eine Bandbreite von hoch bis schwach begabten Schülerinnen/Schülern. Kann ich denn unter diesen Bedingungen auf alle Kinder eingehen?"
- „Was mache ich mit Kindern, die nach 10 Minuten mit der Arbeit fertig sind?"
- „Was mache ich mit Kindern, die nach 50 Minuten noch nicht fertig sind?"
- „Was mache ich mit Kindern, die bestimmte Zusatzangebote verweigern?"
- „Was mache ich mit Kindern, die sich nicht zurückhalten können und gerne *rausplatzen*?"
- „Was mache ich mit verhaltensauffälligen Kindern?"
- „Wie soll ich auf Eltern, mehrheitlich Mütter, reagieren, die grundsätzlich immer mehr fordern?"
- „Was mache ich mit Müttern/Eltern, die ihr Kind über- oder unterschätzen?"
- „Wie reagieren Eltern auf differenzierte Angebote?"

Wie berechtigt diese und ähnliche Fragen doch sind!

Während einige Fragen in den vorangegangenen Kapiteln schon angeschnitten oder vielleicht sogar beantwortet wurden, will ich versuchen, in den folgenden Kapiteln **Modelle und Maßnahmen**, **Ideen und Tipps**, **Elternarbeit** und **Stundenbilder** weitere Antworten zu geben.

4 Modelle und Maßnahmen

Folgende Modelle und Maßnahmen erweisen sich als erfolgreich:

- Projektunterricht
- Projektorientierter Unterricht
- Projekttag / Tagesprojekt
- Freie Themenstunde
- Atelierunterricht
- Lernwerkstatt
- Ressourcenraum
- Ressourcenecke
- Pull Out-Programm
- Drehtürmodell
- Compacting
- LdL – Lernen durch Lehren
- Planarbeit
- Wochenaufgabe
- Frei gewählte Freitagsaufgabe
- Förderstunde – Forderstunde
- Förderstunde „andersrum"
- Talente-Portfolio
- Projektmappe
- Montagfrage
- Individualisierte Angebote
- Wissensvermittelnde Einrichtungen
- Wissensvermittelnde Elternressourcen
- Cluster Group
- Grouping-Klassen
- Plus-Kurs / Talentförderkurs / Superkids / Adjunct-Programm
- Mentorat
- Wettbewerbe / Olympiaden
- Sommerakademien

Auf eine genaue Unterscheidung von Modellen, Maßnahmen oder nur Ideen habe ich verzichtet. Eine trennscharfe Abgrenzung ist nicht möglich und unwichtig für die erfolgreiche Umsetzung in die Praxis.

Die Modelle und Maßnahmen sollen Differenzierung und Begabungsförderung erleichtern.
Es gibt keine Differenzierung, die nicht auch gleichzeitig auf die Begabungen des Kindes eingeht. Genauso gibt es keine Begabungsförderung ohne Differenzierung.

Die Einbeziehung von Eltern ist aus meiner Sicht erforderlich, da sie im Allgemeinen keine Erfahrung mit Differenzierungsmodellen und -maßnahmen haben. Daher ist präventive Beratung und Aufklärung unerlässlich, um Missverständnissen vorbeugen zu können. Es könnte Eltern irritieren, wenn z. B. in der Projektwoche keine Hausübung im klassischen Sinn aufgegeben wird, jedoch vielleicht ein Auftrag.

Während der „Reiswoche" hatten die Kinder der 3c den Auftrag, in Geschäften und vor allem Supermärkten nach Produkten Ausschau zu halten, die mit unserem Thema zusammenhingen. Verschiedene Reissorten wurden gesucht, die Marken und Preise aufgeschrieben usw. Das war die Hausübung an einem bestimmten Tag der Projektwoche.

Auch die Eltern wurden gebeten, zu Hause Reisspeisen zu kochen. Jede(r) konnte nach eigenem Dafürhalten das Projekt unterstützen.

Aus meiner Sicht ist eine Maßnahme dann erfolgreich, wenn es positive Rückmeldungen gibt und alle Beteiligten dieses bereitwillig mittragen. In erster Linie geht es um die Zufriedenheit und den Lernzuwachs des Kindes.

Nicht alle Maßnahmen werden bei der Einführung sofort klappen und den erwarteten Erfolg bringen. Einige Projekte werden Pilotprojekte sein, deren Ergebnisse erst nach einer gewissen Zeit evaluiert werden können.

Oft liegt es an Kleinigkeiten, die bei der Planung noch nicht berücksichtigt wurden. Sich nochmals mit allen beteiligen Personen zusammenzusetzen und darüber zu reden, das hilft sicherlich.

Ich habe bei der Beschreibung der folgenden Modelle und Maßnahmen jeweils aus meiner Praxis Vor- und Nachteile sowie Tipps zur erfolgreichen Umsetzung eingebunden.

In diesem Buch stelle ich alle Modelle und Maßnahmen vor, die *mir* bekannt sind. Das soll nicht heißen, dass es nicht noch anderes gibt. Es würde auch nichts ausmachen, wenn es zu Vermischungen und Abänderungen käme.
Ich ersuche die Leserinnen/Leser, ansprechende Ideen durchzudenken und möglichst gleich in die Tat umzusetzen. Natürlich ist es vorher wichtig, die Ideen an die eigene Persönlichkeit und die schulischen Gegebenheiten anzupassen und sich daher die Frage zu stellen: „Welches Modell passt zu mir und *meiner* Schule?"

Einige Modelle und Maßnahmen werden jenen Lehrerinnen schon vertraut sein, die bereits Erfahrungen mit offenem Unterricht haben. Daher mein Tipp: Bekannte Modelle überfliegen und neue genauer studieren!

4.1 Projektunterricht

Definition

Zu einem selbst gewählten oder vorgegebenen Thema arbeiten Schülerinnen/Schüler Fächer übergreifend und unter Aufhebung des Stundenplans für einen bestimmten Zeitraum.

Im Folgenden möchte ich **Projektunterricht** unter dem Differenzierungsaspekt etwas genauer beleuchten.
Dieses Unterrichtsmodell ist unabhängig von Länge oder Thema. Es ist von geringer Bedeutung, ob ein Projekt einen Tag oder mehrere dauert oder sich über ein ganzes Jahr erstreckt. Auch bei der Themenwahl gibt es letztendlich keine Beschränkung. Was immer Kinder interessiert, kann Thema eines Projekts sein.

Beim Projektunterricht ergibt sich eine Differenzierung von selbst, da Kinder eher zu jenen Arbeiten greifen, die ihren Neigungen entsprechen. Nicht ich als Lehrerin muss differenzieren, sondern diese offene Unterrichtsform differenziert per se.

Schlüsselqualifikationen wie Teamfähigkeit, Zeitmanagement, Durchhaltevermögen u. Ä. m. können so von der Grundschule an erworben werden. Diese Merkmale einer Kinderpersönlichkeit kommen in unterschiedlicher Weise zum Tragen. Es stellt sich z. B. schnell heraus, wer Durchhaltevermögen hat oder die Arbeitszeit selbstständig einteilen kann. Mir hat Projektunterricht geholfen, „meine" Kinder in relativ kurzer Zeit recht gut kennen zu lernen.

Tipp

Für Kinder, die noch weniger gut selbstständig arbeiten, könnte die Lehrerin einen Projektplan erstellen. Projektpläne sind Orientierungshilfen für Kinder, die vielleicht mit dem freien Angebot überfordert wären.

Die Differenzierung liegt unter anderem darin, dass nicht allen Kindern ein Projektplan angeboten wird. Nicht jedes Kind braucht diese Form der Orientierungshilfe. Manche finden sich auch tadellos ohne Plan zurecht.

Meine persönliche Erfahrung mit Projekten ist durchwegs positiv. Ich empfehle, mit eher kleinen, kurzen Projekten oder Projekttagen zu beginnen, dann erst den Zeitrahmen zu steigern.

Auch unter den Eltern ist nach einer gelungenen Projektzeit Zufriedenheit spürbar: besonders dann, wenn die Eltern schon vor dem Projektbeginn informiert und eingebunden waren – selbst wenn das Projekt noch so klein war. Mitarbeit ist gefragt!

Projekte sind zwar immer aufwändiger als normaler Unterricht, doch der Aufwand lohnt sich. Erfahrungsgemäß bewähren sich zwei unterschiedliche Projekte im Ausmaß von rund einer Woche pro Jahrgang.

Es gilt: Je jünger die Kinder, desto kürzer sollten Projekte sein!

- „EU-Projekt"
- „Mein Körper"
- „Kunstwoche"
- „Unter der Meeresoberfläche"
- „Reis ernährt die Welt"

EU-Projekt (4. Klasse)

Klemens und Kaspar bearbeiten das Enrichment-Angebot.

Projektplan

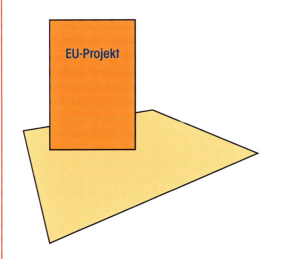

Alex, Mirko, Talha erarbeiten ein Länderpuzzle.

„Komm, prüf mich!" – Sophie und Barbara

Modelle und Maßnahmen 29

Projektplan REIS

Das könnte ich, _____ , arbeiten

Arbeit mit der REISKARTEI 1 ✷✷✷ oder **Arbeit mit der REISKARTEI 2** ✷ Lesen, denken, abschreiben, …	
Spiel mit einem Partnerkind: REIS in vielen Sprachen	
Impulsgeschichte: „Eine Handvoll Reis"	
Lückentext: Lücken füllen Text abschreiben einen eigenen Lückentext erfinden **eigene Idee?**	
Zeichnung, Bastelidee, …? _____	
Sachrechnen Achtung, bei manchen Beispielen stehen keine Fragen dabei!	
Arbeit am PLAKAT **Arbeit an der MAPPE**	
	?

30   Modelle und Maßnahmen

Süße und pikante Reisgerichte werden gemeinsam zubereitet (3. Klasse).

Zur Vertiefung: Über Projektunterricht, seine Geschichte und Organisation, Vor- und Nachteile gibt es ausreichend Literatur in einschlägigen Fachgeschäften oder im Internet (siehe Literaturverzeichnis, S. 95 f.).

4.2 Projektorientierter Unterricht

An Stelle eines klassischen Projekts kann **Projektorientierter Unterricht** stattfinden. Projektorientierte Angebote sind die verkürzte Form von Projektunterricht. Die Ziele entsprechen jenen des Projektunterrichts.

Nur Teile des Stundenplans werden für einen bestimmten Zeitraum, zur Projektzeit, abgeändert. Der Fächerkanon wird nur teilweise aufgehoben.

Besonders in der 4. Klasse, wenn Kinder an selbsttätiges offenes Arbeiten bereits gewöhnt sind, empfehle ich projektorientiertes Arbeiten. Oft gehörten Einwänden wie Zeitknappheit, Schularbeitsstress und Notwendigkeit von Lernzielkontrollen würde ich entgegenhalten, dass projektorientierte Angebote nicht so viel Zeit brauchen. Die Übungs- und Vorbereitungszeit für Schularbeiten wird nicht wirklich beschnitten, wenn der Stundenplan nur für rund zwei Stunden am Tag geändert und in dieser Zeit der Unterricht geöffnet wird.

Projektorientierte Angebote sind gerade zum Einstieg ins offene Lernen auch ab der 1. Klasse empfehlenswert. Gebundener und offener Unterricht wechseln einander somit ab. Fast alle 1. Klassen machen Buchstaben- und Zahlentage. Im Anschluss daran oder auch parallel dazu, mit projektorientierem Unterricht zu beginnen, ist auch im Sinne der Differenzierung günstig. Für jedes Kind wird eine dieses eher ansprechende Unterrichtsform dabei sein.

Diese Arbeitsform braucht weniger Vorbereitung und Aufwand als Projektunterricht.

4.3 Projekttag / Tagesprojekt

Eine weitere Möglichkeit, differenzierend und begabungsfördernd zu arbeiten, ist der **Projekttag**. Ein besonderes Thema wird für *einen* Tag nach den Kriterien des Projektunterrichts behandelt.

Der Fächerkanon wird aufgelöst und die Kinder arbeiten – nur wenn nötig mit Führung – im offenen Lernbetrieb.

Pinguintag:

Der ganze Tag dreht sich rund um den Pinguin. Kinder bringen Materialien wie Kuscheltiere, Bilder- und Sachbücher mit.

Ein Video wird gezeigt, ein Lied zum Thema wird vorgestellt, Karteikarten liegen zur Bearbeitung auf, ein entsprechendes Kinderbuch wird vorgelesen, z. B. „Ein Schnabel voll für Hoppala", die unterschiedlichen Pinguinarten werden miteinander verglichen, Bastel- und Faltarbeiten zum Thema liegen bereit usw.

Mathe Spezial:

Ein ganzer Tag gehört der Mathematik. Rechenspiele werden gemeinsam gespielt, neue Brett- und Würfelspiele vorgestellt, witzige Sachaufgaben liegen bereit, Zahlenbilder werden gestaltet, Kniffel- und Knobelaufgaben für Denkerinnen/Denker liegen bereit usw.

Techniktag:

Ein Experte (z. B. Vater einer Schülerin/eines Schülers) kommt in die Klasse und erklärt das Innenleben eines Computers, einfache Versuche werden gemacht, Sachbücher zum Thema wurden aus der Bücherei organisiert, die Biografie eines bedeutenden Technikers wird besprochen, mit unterschiedlichen Materialien wird gebaut, Werkzeug liegt auf usw.

Ein solches Tagesprojekt ist für jene Kolleginnen bestens geeignet, die sich noch keinen längerfristigen Projektunterricht zutrauen und in kleinen Schritten beginnen wollen.

Waschbärenprojekt (4. Klasse)

4.4 Freie Themenstunde

Auch die **Freie Themenstunde** eignet sich hervorragend zum Einstieg in das offene Lernen bzw. in projektorientierte Unterrichtsformen.

An einem festgelegten Tag der Woche wird nur *eine* Einheit bestimmt, in der sich jedes Kind der Klasse bzw. eine Kleingruppe ein frei gewähltes Thema sucht und dieses bearbeitet.

Da die Themenstellung aus jedem Bereich, z. B. dem naturwissenschaftlichen oder kreativen, gewählt werden kann, ergibt sich beinahe automatisch eine individualisierte Begabungsförderung. Jede(r) kann den eigenen Interessen und Neigungen entsprechend arbeiten.

Freie Themenstunde

4.5 Atelierunterricht

Atelierunterricht gehört zu den Modellen des offenen Lernens.

Ein Atelier ist ein bestimmter Raum (Klassenzimmer, Turnsaal, Bibliothek, …), der für einen Tag zum Atelier umfunktioniert wird.

Atelierunterricht berücksichtigt die methodischen Grundlagen der *Freinet-Pädagogik* und die verschiedenen Intelligenzen nach *Howard Gardner*. Während des Atelierunterrichts sind die Jahrgangsklassen aufgelöst. Die Kinder arbeiten in altersheterogenen Interessensgruppen.

Die Lehrerinnen erarbeiten Themen für Ateliers, die ihren eigenen Neigungen und Begabungen entsprechen. Die Schülerinnen/Schüler wählen für einen bestimmten Zeitraum, z. B. drei Einheiten eines Vormittags, ein bevorzugtes Atelier aus.

In jedem Atelier wird der Schwerpunkt auf eine bestimmte Intelligenz (z. B. musisch-kreative, mathematisch-logische, psychomotorische, …) gelegt.

Im Vordergrund stehen – ähnlich wie beim Lernwerkstattunterricht – das Formulieren von Fragen, Bilden von Hypothesen, Kommunikation und Experimente, das Finden von Lösungen, Präsentation und Reflexion.

Ateliertage können vom gesamten Lehrkörper und in der ganzen Schule organisiert werden, aber auch nur von einigen Klassen, die sich zusammenschließen und einen Tag zum Ateliertag machen.

Wichtig dabei ist, dass jede Lehrerin ein Atelier (Kurs, Workshop, Lernpfad, …) anbietet, das ihr Spaß macht und ihrem Können entspricht. Die Angebote werden mit originellen Titeln versehen. Ort und Zeitrahmen werden ausgemacht und eine Übersichtsliste erstellt. Die Kinder der mitmachenden Klassen tragen sich in die Liste ein. Dadurch entstehen altersheterogene und gleichzeitig interessenshomogene Gruppen. Natürlich muss innerhalb der Ateliers wieder differenziert werden. Meiner Erfahrung nach finden sich interessensgleiche Schülerinnen/Schüler rasch und der Altersunterschied spielt schnell keine Rolle mehr.

Bei einigen wenigen Ateliers wird es mitunter zu „Überbuchungen" kommen. Da es aber mit Sicherheit einen weiteren Ateliertag geben wird, können diese Kinder auf den nächsten Ateliertag vertröstet werden.

„Musik mit Mozart"	–	für die musische Intelligenz
„Mathemagisch"	–	für die mathematische Intelligenz
„Latein – nicht nur für Asterix"	–	für die sprachliche Intelligenz
„Akrobatik im Turnsaal"	–	für die psychomotorische Intelligenz

*Gute Stimmung nach einem selbst erfundenen Tanz
(4. Klasse)*

Die **Vorteile** dieses Unterrichts:

- Lehrerinnen arbeiten nach ihren Begabungen und Interessen und sind daher besonders motiviert und erfolgreich.
- Kinder wählen und arbeiten nach ihren Begabungen und Interessen und sind daher ebenfalls besonders motiviert und erfolgreich.
- Möglichst alle Begabungen werden durch das Angebot abgedeckt.
- Soziales Lernen geschieht durch die temporäre Auflösung des Klassenverbandes automatisch: Lehrerinnen lernen andere Schülerinnen/Schüler, Schülerinnen/Schüler lernen andere Lehrerinnen kennen, Schülerinnen/Schüler untereinander lernen einander besser kennen.

Beim nächsten Ateliertag können die gleichen Angebote nochmals gestellt werden, denn viele Kinder bedauern nach den Erzählungen und Reflexionen, bei einzelne Ateliers nicht dabei gewesen zu sein. Eine neue Vorbereitung für den nächsten Ateliertag ist somit nicht notwendig.

4.6 Lernwerkstatt

Vielleicht gibt es in Ihrer Schule einen freien Raum, der sich für eine **Lernwerkstatt** eignen würde. Eine Lernwerkstatt braucht eine übersichtliche Einrichtung mit Sachbüchern, Zeichen- und Werkmaterialien, Werkzeug, Mikroskopen und vielleicht auch einen Computerbereich.

Wie wird dort gearbeitet?

Lerninseln zu speziellen Themenbereichen werden von der Lehrerin aufbereitet. Den Themenbereich gibt die Lehrperson vor.

In der „Wuselphase" sichtet das Kind das vorhandene Material mit dem Auftrag, eine Interessensfrage selbst zu formulieren. Erst danach kommt es zu einer Partner- oder Gruppenarbeit.

Materialien, die die Schülerinnen/Schüler zusätzlich zur Beantwortung ihrer Fragestellung benötigen, werden vom Kind selbst bzw. von der Lehrperson organisiert.

Die Arbeitsschritte sollen von den Kindern protokolliert („Lerntagebuch") und am Ende präsentiert werden.

Thema:	„Hier geht es bunt zu!"
Fragestellung:	Wie verfärbt sich das Chamäleon?
	Wie entsteht ein Regenbogen?

Ein „kritischer Blick" durch die Lupe
(Benjamin, 4. Klasse)

Der Lernwerkstattunterricht fördert die Selbsttätigkeit und sollte mit allen Sinnen erlebt werden. Er kommt der ganzheitlichen Förderung entgegen.

Erfahrungsgemäß wird das Arbeiten in einer Lernwerkstatt von Kindern sehr gerne angenommen. Auch hier kommen die Grundsätze des offenen Lernens und der Differenzierung zum Tragen.

Eine Lernwerkstatt einzurichten und sie in Schwung zu halten braucht viel Zeit und Arbeitsaufwand. Die Eltern oder den Elternverein einzubinden und zur Mithilfe zu motivieren lohnt sich sicherlich.

4.7 Ressourcenraum

Im Sinne der praxisorientierten Begabungsförderung ist damit ein spezieller Raum gemeint, der mit besonderen Materialien (Ressourcen) bestückt und von Interessierten zur Begabungsförderung genützt wird. Ein solcher Raum könnte ein in einem Schuljahr nicht benützter Klassen- oder Kellerraum sein.

Ein **Ressourcenraum** ist leichter einzurichten als eine Lernwerkstatt, da die Einrichtung themenzentrierter ist und relativ flott auf- und abgebaut werden kann.

Einige Ideen – je nach Standort und Möglichkeiten:

„Minilabors": Ein Raum wird mit Materialien rund um die Physik und die Chemie ausgestattet – Pinzetten, Waagen, Reagenzgläser, Mikroskope, ungefährliche Stoffe wie Soda, Farbstoffe, …

„Denkorte": Ein Raum wird mit Spielen ausgestattet, die Logik, Kombinatorik, räumliches Orientierungsvermögen usw. fordern und fördern.

„Baustellen": Ein Raum wird mit Legosteinen, Bausteinen, Baumaterialien, Decken und Tüchern, Technikkästen, Matador usw. ausgestattet (Weiterführung und Ausbau der in Kindergärten so beliebten Bauecken).

Mit gemeinsamen Kräften wird in jeder Schule zumindest für einen bestimmen Zeitraum ein Raum, vielleicht nur ein Kammerl gefunden werden. Von der Größe des Raumes hängt natürlich ab, wie viele Kinder das Angebot gleichzeitig nützen können: je größer, desto besser – aber das ist nicht überall machbar.

Auch bei Ressourcenräumen ist ähnlich wie bei Lernwerkstätten wieder um Hilfe von Eltern bzw. des Elternvereins zu ersuchen. Die Idee ist dermaßen überzeugend und im Sinne fast aller Eltern, dass langes Überreden nicht nötig sein wird. Sponsoring durch Firmen ist eine weitere Möglichkeit zur Unterstützung, die in Betracht gezogen werden sollte.

Ressourcenraum

4.8 Ressourcenecke

Ressourcenecken sind interessante Alternativen zu Ressourcenräumen. Nicht an jedem Standort steht ein eigener Raum zur Verfügung. In solchen Fällen ist eine Ressourcenecke eine gute Möglichkeit.

Innerhalb einer Klasse wird eine Ecke oder ein bestimmter Bereich zu einer **Lernecke** oder einem **Ressourcenbereich** erklärt. Dieser wird mit besonderen Materialien und Geräten ausgestattet.

Das Angebot in der Ressourcenecke verliert nach einem gewissen Zeitraum (3–4 Wochen) allerdings an Attraktion. Daher ist es empfehlenswert, die Ecke immer wieder neu zu bestücken und zu gestalten.

„Schreibecke wie zu Uromas Zeiten" (1. Klasse)

Diese Schreibecke ist ideal für Kinder, die schon schreiben können.

Materialien: Redisfeder, Tusche, färbige Tinte, Federn, kleine Tafeln, Vorlagen von alten Schriftzeichen, Bilder aus alter Zeit usw.

Viele Kinder werden das Angebot nutzen, wenn es ihnen entspricht, während einige mit der aktuellen Einrichtung eher nichts anfangen können. Für diese Kinder ist vielleicht eine zu einem späteren Zeitpunkt anders gestaltete Ressourcenecke interessant.

Ressourcenecken ermöglichen es, Dinge anzubieten, die im normalen Schulbetrieb gar nicht oder vielleicht erst in höheren Klassen angeboten werden.
Das Angebot kann also beliebig reichhaltig sein (klassisches Enrichment).
Ressourcenecken gewinnen durch witzige Bezeichnungen an Anziehungskraft.
Bei der Gestaltung im Laufe des Schuljahres sollte möglichst auf alle Begabungen bzw. Intelligenzen eingegangen werden.

Ressourcenecke

4.9 Pull out-Programm / Drehtürmodell

Definition:

Stunden- oder tageweises, geblocktes (z. B. drei Tage hintereinander) Herausnehmen eines oder mehrerer begabter Schülerinnen/Schüler aus dem regulären Klassenverband und temporäres Einbetten in eine höhere Klasse.

Das **Pull Out-Programm** kommt ebenso wie das Drehtürmodell aus dem angloamerikanischen Raum und da wieder eher aus der Sekundarstufe 2. Dennoch können beide in adaptierter Form in der Grundschule angewandt werden.

Wie kann ich ein Pull Out-Programm zur Differenzierung nützen?

Jeden Donnerstag kommen in der Einheit „Textgestaltung" je zwei sprachbegabte Gastkinder aus den beiden 3. Klassen in meine 4. Klasse.

Für die vier Besuchskinder wird für diese Stunde ein eigener Arbeitsplatz eingerichtet, die Texthefte liegen bereit und die Gastkinder arbeiten mit den Schülerinnen/Schülern der 4. Klasse mit.

Ihre Arbeiten werden genauso wie die der anderen Kinder bearbeitet, korrigiert und kommentiert. Manchmal gibt es auch eine freiwillige Hausübung.

Nach der Einheit gehen die Kinder wieder in ihre Klassen zurück.

Modelle und Maßnahmen

Vorteile:

- Ein Pull Out-Programm benötigt keine Ressourcen. Es genügt, wenn zwei Lehrerinnen das Programm befürworten und sich entsprechend abstimmen.
- Durch das Mitarbeiten in der höheren Schulstufe werden die Besuchskinder in ihrem Spezialgebiet gefördert.
- Sie erleben einen anderen, akzelerierten Klassenverband und eine andere Lehrerin.
- Die Kinder versäumen in dieser *einen* Stunde nichts Bedeutsames in der eigenen Klasse, da dieses Modell ja nur bei begabten Kindern angewandt wird, die rascher auffassen und denen ein bis zwei Einheiten in der Woche nicht „fehlen".
- Die Kinder der höheren Schulstufe werden von gut begabten Gastkindern ebenfalls angespornt. Sie staunen oft, was ein „Drittklassler" schon kann.
- Die Klassenlehrerin der Gastkinder ist für einen kurzen Zeitraum entlastet. Die Differenzierung wird gleichsam ausgelagert.

Nachteile gibt es grundsätzlich keine.

Tipps:

- bei der die Schülerinnen/Schüler aufnehmenden Klassenlehrerin immer wieder nachfragen (Verhalten, Ertrag, mögliche Belastung, Hilfestellung, Reaktion der Gruppe, ...),
- das Kind bei den ersten Besuchen in der Gastklasse kurz begleiten oder es abholen,
- verlässliche Kinder ersuchen als Begleiterinnen/Begleiter zu fungieren,
- den Rhythmus des Pull Out-Programms einhalten und Lernausflüge und Wandertage eher nicht für diesen Tag planen,
- Rückmeldungen von den Eltern einholen, falls diese nicht von alleine kommen.

Die Praxis zeigte, dass es bei Nichtbeachtung einiger Punkte vorkommen kann, dass das Kind die Lust verliert, die höhere Klasse zu besuchen.

Da gilt es, gemeinsam Ursachen und Gründe zu finden, nicht aber das gesamte Modell abzulehnen.

4.10 Drehtürmodell

Das begabte Kind kann zwischen dem normalen Unterricht und der individuellen Interessens- und Begabungsförderung wechseln. Es kann sich aus dem Unterricht „herausdrehen" und für einen bestimmten Zeitraum an einem dafür ausgewählten Ort eigenen Interessen nachgehen. Dann klinkt sich das Kind wieder in den normalen Unterricht ein.

Daher kommt die Bezeichnung **„Drehtürmodell"** (Revolving Door Model).

Das Drehtürmodell stammt von dem Amerikaner *Joseph Renzulli*, einem Spezialisten auf dem Gebiet der Begabungsförderung. Ich habe es ein wenig abgewandelt.

Es besteht aus mehreren Schritten (vgl. www.hochbegabungs-links.de/fjk_drehtuermodell.html):

Schritt 1	**WER?** Auswahl der Schülerinnen/Schüler, die besonders leistungsfähig sind, das Stoffgebiet schon beherrschen und daher im Unterricht unterfordert wären
Schritt 2	**WO?** Lernort auswählen **WAS?** Wahl eines Themas durch Schülerin/Schüler und/oder Lehrerin Zielformulierung **WOMIT?** Bereitstellen von Materialien
Schritt 3	**WER NOCH?** Möglichkeiten der Kooperation mit Parallelklassen diskutieren **MIT WEM?** Lernbetreuung (z. B. Teamlehrerin) organisieren (Dieser Schritt kann ausgelassen werden, wenn keine personellen Ressourcen zur Verfügung stehen.)
Schritt 4	Die Schülerin/Der Schüler oder die Lehrerin führt eine „Tabelle" oder ein „Lerntagebuch", in dem die Arbeitsleistung in Kurzform festgehalten wird.
Schritt 5	**WAS WURDE GEARBEITET?** Die Schülerin/Der Schüler präsentiert die Arbeit der Klasse oder vor einem anderen Forum.

Das Modell ist für die Sekundarstufe 2 vorgesehen. Ich habe das Modell so verändert, dass es für den Grundschulbereich angewandt werden kann. Es ist speziell für begabte Kinder gedacht, die in reinen Übungseinheiten unterfordert wären. Die Lehrerin bestimmt in Absprache mit dem Kind, ob es in der Übungs- und Wiederholungseinheit nicht lieber seinen Interessen nachgehen möchte (*Schritt 1*).

Der Lernort hängt von den räumlichen Gegebenheiten ab. Das Kind kann sowohl an seinem Platz, an einem freien Arbeitsplatz in der Klasse oder aber auch vor der Klassentür arbeiten.

Das Kind bestimmt, was es in dieser Zeit gerne arbeiten möchte. Zu Beginn empfehle ich, ein wenig zu beraten. Mitunter wird es auch notwendig sein, Materialien vorzubereiten.

Die Umsetzung braucht klare Regeln. Während das Kind an einem anderen Thema arbeitet, darf die Lehrerin nur in dringenden Ausnahmefällen gefragt werden (*Schritt 2*).

Schritt 3 ist nur möglich, wenn es eine Lehrerin gibt, die das Kind oder die Kleingruppe betreuen könnte. Das ist in den meisten Schulen leider nicht der Fall.

Eltern sollten auf jeden Fall von der Anwendung dieses Modells erfahren und können wertvolle Rückmeldungen geben. *Schritt 4* des Modells ist ebenfalls für Eltern gedacht, die bekanntlich nur fragmentarische Berichte vom Schulvormittag bekommen und vielleicht manches missverstehen könnten.

Ein Missverständnis

Alex arbeitet am Gang vor der Klasse an seiner Präsentation über den Pfeilgiftfrosch, während die Klasse die Übungswörter für die Ansage nochmals durchgeht. Alex ist ein hervorragender Rechtschreiber und braucht diese Übungseinheit nicht.

Alex' Bruder sieht Alex vor der Klasse sitzen. Sitzen am Gang vor der Klasse wird in seiner Klasse gerne angewandt, wenn sich ein Kind in den Verband nicht einfügen kann.

Der Bruder erzählt seiner Mutter, dass Alex sicher schlimm war und ausgeschlossen wurde.

Meine Erfahrungswerte und auch jene von Kolleginnen zum Drehtürmodell sind durchwegs positiv. Es kommt in der Praxis selten vor, dass Kinder mit dieser Form des selbstständigen Lernens überfordert sind oder es benützen, um nichts zu tun. Falls doch, sollte die Auswahl der Kinder für das Modell nochmals überdacht und besprochen oder ein anderer Weg gesucht werden.

Das Drehtürmodell kommt letztendlich allen Kindern zugute. Die erarbeiteten Produkte werden der Klasse, manchmal auch nur interessierten Kindern, vorgestellt bzw. zur Verfügung gestellt. Erfahrungsgemäß machen die Kinder kleine Referate, gestalten ein Plakat, schreiben Gedichte, Geschichten oder Sachtexte.

Ich kopiere gerne hervorragende Texte und verwende sie als Lesestoff weiter. Zeichnungen und Sachtexte stelle ich im Sachbereich aus, Plakate werden an die Tür geklebt (*Schritt 5*).

Manche Kinder beflügelt und motiviert die Vorstellung, den anderen Kindern ihre Arbeit präsentieren zu dürfen, zu Hochleistungen. Einige Kinder wollen dies nicht und arbeiten still für sich, andere tun es hauptsächlich, um zu präsentieren. Wieder ergibt sich die Differenzierung von alleine.

Mir ist wichtig, dem herkömmlichen und sicher in vielen Grundschulen praktizierten Auftrag: *„Wenn du fertig bist, nimm dir ein Sachbuch!"* oder *„Wenn du fertig bist, darfst du zeichnen!"* ein **Modell (Drehtürmodell)** gegenüberzustellen.

Nicht erst wenn das begabte Kind mit den allgemeinen, unterfordernden Übungsaufgaben fertig ist, darf es einer selbst gewählten Arbeit nachgehen! Das Drehtürmodell ermöglicht eine Differenzierung, die „statt dessen" und nicht „danach" erfolgt.

Welche Kinder für das Modell geeignet sind, entscheidet in erster Linie die Lehrerin. Es kommt jedoch in der Praxis genauso vor, dass sich ein Kind selbst gut einzuschätzen vermag.

Philip:

„Ich kann das Addieren mit Überschreitung schon. Ich möchte gerne in dieser Mathestunde an meinem Wüstenbuch weiterarbeiten."

4.11 Compacting

Als Grundschullehrerin kenne ich „meine" Kinder und weiß, was sie können und was noch nicht. Bemerke ich nun, dass einige Kinder den Lernstoff, z. B. in Mathematik für diese Woche, schon beherrschen, so streiche ich die einfachen Übungen dazu, am besten direkt im Mathematikbuch. Begabte Kinder brauchen keine in kleinen Schritten aufgebaute Methodik, sondern zeichnen sich durch schnelles Auffassungsvermögen und andere Denkstile aus. In der gewonnenen Zeit bearbeiten die Schülerinnen/Schüler akzelerierte Angebote oder Enrichmentvorschläge in Mathematik oder arbeiten mit dem Drehtürmodell.

Compacting ist eine einfach durchzuführende Form der Differenzierung. Ein grundsätzliches Umdenken ist dafür notwendig. Nicht alle Kinder einer Klasse arbeiten an den gleichen Sätzen, gleichen Beispielen im Mathematikbuch, nicht alle Rechnungen eines Kapitels müssen gemacht werden usw. So brauchen z. B.

mathematisch begabte Kinder nur wenige Übungsbeispiele, während rechenschwächere Kinder konsequentes Üben dringend benötigen.

Wenn die Aufgaben für einige Kinder keine Herausforderung mehr bieten, so werden die schwierigeren Aufgabenstellungen *nicht im Anschluss*, sondern *statt* der einfacheren bearbeitet: Unterschiedliche Qualität für einzelne Kinder, anstatt gleiche Qualität und Quantität für alle Kinder!

4.12 LdL – Lernen durch Lehren

Lerninhalte bzw. Unterrichtsstoff werden von der Lehrerin bereitgestellt. Die Schülerinnen/Schüler arbeiten in Kleingruppen oder in Partnerarbeit das Angebot durch, besprechen und präsentieren ihre so erworbenen Kenntnisse der gesamten Gruppe. Die Lehrperson tritt in den Hintergrund, moderiert und ergänzt nur inhaltlich, wenn nötig.

„Reis ernährt die Welt" (Thema einer Schwerpunktwoche)

In Partner- oder Kleingruppenarbeit bearbeiten die Kinder Arbeitstexte, z. B. auf Karteikarten. Nach einer vorher festgelegten Zeit (z. B. 10 Minuten) berichtet die Arbeitsgruppe der Klasse Wissenswertes aus dem Sachtext.

Die Kinder sollen auch eigenes Wissen und eigene Erfahrungen beisteuern. Freies Sprechen und Präsentationstechniken werden trainiert.

Selbst verfasste Karteikarten des „Reisprojekts". Die Informationen stammen aus dem Internet:

Wilder Reis gehört botanisch zu den Gräsern. Die etwa 1,80 m hohe Wasserpflanze wächst im Uferbereich der nordamerikanischen Seen und in Kanada, wo der Reis von den Indianern noch traditionell vom Kanu aus geerntet wird. Man zieht die langen Halme zu sich heran und schlägt die reifen Körner heraus. Da bei dieser Prozedur immer ein Teil der Körner ins Wasser fällt, ist für Nachwuchs gesorgt.

Wilder Reis ist kein echter Reis und auch nicht die Wildform unseres Kulturreises oder dessen verwilderter Verwandter.

Wildreis ist nahrhaft und leicht verdaulich. Die reifen schwarzbraunen Körner, die wie Tannennadeln aussehen, schmecken angenehm nussartig und enthalten mehr Eiweiß, Magnesium, Eisen und Zink als Reis.

Ist der Reis trocken genug, muss er gedroschen werden, um die Körner aus den Ähren zu lösen. Schließlich wird das Korn mit Bändern geschliffen, gesiebt, gesäubert, poliert und schließlich noch einmal sortiert. Bei Markenqualität bedient man sich eines Sortierverfahrens, bei dem jedes einzelne Korn an einer Lichtschranke vorbeigeführt wird und unsaubere Körner mit Hilfe eines Lichtstrahls entfernt werden.

„Fremde Früchte"

Unterrichtsmaterialien (Karteikarten über Kiwi, Mango, Melone usw.) liegen – eventuell foliert – in unterschiedlicher Qualität und Quantität bereit.

Kinder wählen in Kleingruppen „ihre Frucht" aus und arbeiten die Karteikarte durch.

Schritte:

- Lesen
- Eigene Erfahrungen in der Kleingruppe besprechen: „Habe ich diese Frucht schon gekostet, wie schmeckt sie, wie riecht sie, wo kann ich sie kaufen, wo kommt sie her?"
- Die Kleingruppe versucht, sich möglichst viele Informationen des Textes zu merken.
- Stichwörter werden notiert, Tafelbilder, Zeichnungen oder Overheadfolien werden angefertigt.
- Die Kleingruppe trägt ihre gesammelten Informationen der Klasse vor.

Vorteile:

- Kinder arbeiten in Kleingruppen und trainieren so ihre Teamfähigkeit.
- Die Differenzierung ergibt sich wieder von alleine, denn gute Leserinnen/Leser werden wahrscheinlich den Text halblaut vorlesen, weniger begabte Leserinnen/Leser werden vielleicht bei der Präsentation für die Klasse die Frucht an die Tafel malen usw.
- Die Funktion der Lehrerin ist bei dieser Unterrichtsmethode eine andere. Es bleibt Zeit zum Beobachten. Die Lehrerin wird zur Lernbegleiterin.
- Schon bei der Vergabe der Texte gibt es unterschiedliche Qualitäten an Länge, Komplexität, Bekanntheitsgrad des Beispiels usw. Schwächere Schülerinnen/Schüler werden eher zu einfachen Karteikarten greifen bzw. die Lehrerin wird sie bei der Auswahl unterstützen.

Nachteile:

- Bei den ersten Versuchen mit „Lernen durch Lehren" versuchen manche Kinder den Sachtext auswendig zu lernen.

    Reines Auswendiglernen ist natürlich nicht das Ziel der Methode, sondern dieses ist natürlich, in kurzer Zeit Relevantes herauszufinden, zu speichern und vorzutragen.

4.13 Planarbeit: Wochenplan, Tagesplan, Stationenpass, Buchstaben- und Zahlentagpass, Lesekarte, …

Ab der ersten Klasse Grundschule werden mit Hilfe von **Arbeitsplänen** den Kindern Aufgabenstellungen übersichtlich angeboten. Die Gestaltung kann differenziert werden, indem z. B. einzelne Stationen durch Überkleben oder Streichen für manche Kinder ersetzt bzw. verändert werden.

Die Differenzierung ist relativ einfach durchzuführen, sowohl für Kinder, denen das Angebot zu leicht, als auch für jene, denen es zu schwierig ist.

Für viele Kinder sind **offene Aufgabenstellungen** besonders geeignet, da sie nach ihrem Leistungsstand die Aufgabe bearbeiten können.

Offene Aufgabenstellungen
„Gestalte eine Seite in deinem Sachheft zum Sachthema der Woche!"
„Wähle eine Arbeit aus dem Mathematikbereich!"
„Übe jene Rechnungsart, die dir noch Schwierigkeiten bereitet!"

Wochenpläne einer 4. Klasse:
„Meine" Kinder hatten rund sieben bis acht Einheiten Zeit, an einem Wochenplan zu arbeiten.

Die Wochenpläne waren grundsätzlich so gestaltet, dass auf eine Einteilung in „Muss- und Kann-Stationen" verzichtet wurde. Besprochenes und erklärtes Klassenziel war, jeden Wochenplan bis Freitag fertigzustellen. Da die Aufgabenstellungen mehrere Niveaus in der Bearbeitung zuließen, waren die meisten Kinder der Klasse annähernd gleichzeitig fertig.

Kinder, die schon früher alle Stationen erledigt und abgestempelt hatten, konnten an ihren eigenen Projekten weiterarbeiten, basteln, spielen oder einen freien Platz am begehrten Computer nützen.

Kindern, die bis zum vereinbarten Termin nicht fertig waren, gab ich unterschiedliche Aufträge: Manche Kinder mussten ihre fehlenden Stationen zu Hause nachmachen, manchen wurde nur *eine* – mir wichtig erscheinende – Station übers Wochenende aufgetragen. Bei wenigen Kindern blieb der Plan unfertig und wurde auch unfertig abgegeben.

Eine einheitliche Vorgehensweise gab es nicht. Grundsätzlich versuchte ich immer, mit dem Kind gemeinsam zu entscheiden. Für einige wenige Kinder war der Wochenplan eine fast unüberwindliche Hürde. Für diese Kinder sind offene Arbeitsweisen eher nicht geeignet. Sie waren beim gemeinsamen, geführten Arbeiten erfolgreicher.

Einige Wochenplanspezialistinnen und -spezialisten setzten viel Kraft und Schwung in die Bewältigung des Pensums. Schon am Donnerstag statt am Freitag fertig zu sein und für Eigenes Zeit zu haben, das war eine wahre Freude.

Alle Wochenpläne sammelte ich ein und erst am Ende des Semesters beim Beurteilungsgespräch bekamen die Eltern bzw. das Kind die von mir nach dem Datum gereihten und zusammengehefteten Wochenpläne zurück.

Am Elternabend zuvor waren die Kriterien für die Benotung besprochen worden.
Die Wochenplanarbeit war eines davon.

16. Wochenplan 2005

Wochenthema: Erdöl und Erdgas

Sachunterricht:
  Erdöl und Erdgas
  http://www.kidsnet.at/Sachunterricht/erdoel.htm

Mathebuch:
  Wähle eine **dir** entsprechende Seite aus!

Englishcorner:
  Sarah Cynthia Stout und/oder Ellbow Song

Gedicht:
  Bienengedicht
  Muttertagsgedichte oder
  _____

Bastelidee der Woche:
  Windmobile oder
  eigenes Mobile

Witze:
  Deutschbuch Seite 139

Arbeitsblatt für Deutsch ★★★/★★/★

Prüfung:
  Bienenprüfung bei Alex oder Brigitte

Neue Rätsel

Dieser Plan gehört: _____

19. Wochenplan 2005

Wochenthema: Mineralien und Verkehrserziehung

Mathematik:
Rund ums 1 x 1 oder 1 x 10

Idee

Lesen:
„Brillenlesen" – schon lange keine Station mehr gewesen

Kniffelkasten ✱ ✱ ✱

Wortarten:
Übungen zu den Wortarten: → Floretto
→ AB
→ _____

Platz putzen und Bankfach aufräumen

Mb. Seite 72/2
c und b
a und b

Partnerstempel:
Wie heißen die Verkehrszeichen?

Quiz:
Fragen für die Klasse

http:/www.kidsnet.at/Sachunterricht/granit.htm
http:/www.kidsnet.at/Sachunterricht/steine.htm

Besitzerin/Besitzer des Wochenplans: _____

Modelle und Maßnahmen   **45**

4.14 Wochenaufgabe

Wochenaufgaben eignen sich nach meinem Dafürhalten ab der Grundstufe 2 und dienen gleichzeitig der Vorbereitung auf weiterführende Schulen. Am Montag wird die Wochenaufgabe besprochen und am Freitag der laufenden Woche wird sie abgegeben. Für einige Kinder stelle ich spezielle Aufgaben, abhängig vom Leistungsniveau, zusammen.

Vorteile:

- Das tägliche Finden, Aufschreiben oder Merken einer Hausübung fällt weg.
- Die Kinder lernen im Laufe der Zeit ihr Hausübungspensum einzuteilen. Manche brauchen dafür ein wenig Unterstützung durch die Eltern oder die Lehrerin.
- Die Hausübungen müssen nicht an einem bestimmten Tag gemacht werden. Somit ergibt sich individueller Freiraum.
- Manchen Kindern bereitet das Erledigen in den ersten Tagen der Woche besonderen Spaß, denn danach haben sie „hausaufgabenfrei".
- Die Lehrerin kann leichter auf die Unterschiedlichkeiten der Gruppe eingehen und nach Qualität und Quantität differenzieren.

Nachteile:

- Einige Kinder vergessen die Materialien, die für die Hausübung gebraucht werden, in der Schule. Nur Teile der Hausübung sind somit am Freitag fertig. Die Hausübung muss dann am Montag verpflichtend nachgebracht werden.
- Der Korrekturaufwand ist für die Lehrerin am Wochenende hoch.

Rückmeldungen über den Ablauf dieser Hausübungsform sollten an Elternabenden eingeholt werden. Meiner Erfahrung nach ist die Mehrheit der Eltern für eine Wochenaufgabe, da die Vorteile überwiegen. Ich frage sowohl die Kinder als auch die Eltern, ob diese Form für sie noch immer passt. Die Mehrheit entscheidet. Es ist für mich kein Problem, wenn die herkömmliche Hausübungsform wieder eingesetzt wird. Einen Versuch ist diese Form auf jeden Fall wert, da sie selbstständiges Arbeiten und Einteilen des Pensums fördert.

4.15 Frei gewählte Freitagaufgabe

Zum Modell „Wochenaufgabe" passt die Idee **„Frei gewählte Freitagaufgabe"**. Jedes Kind wählt eine Aufgabe, die seinen Interessen und Neigungen entspricht. Differenzierung geschieht wieder von alleine. Manche Kinder bringen Erstaunliches und weit Arbeitsaufwändiges, als ich je als Hausübung aufgetragen hätte.

Die Freitagaufgabe wird am Montag im Morgenkreis kurz besprochen. Besonders gelungene, außergewöhnliche Hausübungen werden vorgestellt, an die Pinnwand geheftet, in irgendeiner Weise hervorgehoben. Wieder kommt es zu individuell unterschiedlichen Ergebnissen.

M. bringt ein besonders sorgfältig gestaltetes Blatt mit englischen Sätzen. Sein großer Bruder geht ins Gymnasium. Er mag es seinem Bruder gleichtun.

Ph. schreibt eine Zeit lang an einer Fortsetzungsgeschichte. Er freut sich schon auf Freitag und aufs Weiterschreiben.

A. kann sein Interessensgebiet „Titanic" weiterverfolgen.

M. findet sich noch nicht zurecht und bittet mich um ein Rechenblatt.

A. möchte nochmals die Divisionen üben und nimmt sich selbst am Freitag ein Rechenblatt – manchmal auch mehrere Rechenblätter – aus dem Mathebereich.

J. schreibt über seinen Besuch im Legoland.

Je nach Klassenzusammensetzung kann diese freie individualisierte Form schon in der Grundstufe 1 begonnen werden.

4.16 Förderstunde – Forderstunde

Die Idee „**Förderstunde – Forderstunde**" braucht eine harmonische Beziehung zweier oder mehrerer Kolleginnen von Parallelklassen.
Für eine festgelegte Vormittagseinheit werden die Schülerinnen/Schüler getauscht. Die Kolleginnen bieten Unterschiedliches an.

Kollegin A wiederholt die Divisionen mit gemischten Zehnerzahlen. Kollegin B bietet interessierten Kindern eine akzelerierte Stunde über Primzahlen an.

Je nach Stand der Kinder und Standort werden jede Woche einerseits Förderthemen und andererseits Forderthemen gefunden.

Vorteile:
- Gut begabte Kinder „kommen auf ihre Rechnung".
- Der Förderbegriff wird in beide Richtungen verstanden.

Nachteil:
- Kritische Stimmen befürchten eine Diskriminierung der schwächeren Schülerinnen/Schüler.

4.17 Förderstunde „andersrum"

Fördern wurde jahrzehntelang als Nachhilfeeinheit für lernschwache Kinder gesehen. Die wöchentliche **Förderstunde** kann aber im additiven Verfahren auch anders aufgefasst und durchgeführt werden.

Variante 1:
25 Min. Förderung der schwächer Begabten, 25 Min. Förderung der gut Begabten.

Variante 2:
Parallelklassen arbeiten zusammen. Kollegin A fördert die Begabten, Kollegin B fördert jene Kinder, die Unterstützung brauchen.

Vorteile:
- Begabte Kinder können sich mit ihren Stärken unterstützt durch die Lehrerin auseinandersetzen.
- Der Förderbegriff wird breit gesehen.
- Die akzelerierte Arbeit mit gut begabten Kindern motiviert Lehrerin und Schülerinnen/Schüler.

Nachteil:
- Kritische Stimmen befürchten eine Benachteiligung der schwächeren Schülerinnen/Schüler, weil die Förderzeit für leistungsschwächere Kinder beschnitten wird.

4.18 Talente-Portfolio

Talente-Portfolio meint eine Mappe mit einer Auswahl der besten Arbeiten einer Schülerin/eines Schülers oder einer ganzen Klasse.
Es können auch außerschulische Arbeiten mit einbezogen werden.
Das Motto ist: *„Suche Dinge aus, auf die du stolz bist!"*

Das Portfolio sollte systematisch geführt werden, ev. ein Inhaltsverzeichnis haben und eine Reflexion der Schülerinnen/Schüler über Stärken, Interessen und Lernerfahrungen beinhalten.

In der Grundstufe 1 und auch im Kindergarten könnte die Bezeichnung „Schatzkiste" für die Kinder attraktiv sein.

In meinen 3. und 4. Klassen waren Gedichte ein wichtiger Bestandteil. Wöchentlich gab es Angebote in unterschiedlicher Qualität. Selber zu dichten, umzudichten, Gedichte nach Bauplan usw. zu machen, das war allen Schülerinnen/Schülern geläufig. Dabei konnten auch Kinder, deren Erstsprache nicht Deutsch ist, erfolgreich sein.

Ich sammelte diese Gedichte und „veröffentlichte" sie am Ende der 4. Klasse. Jedes Kind bekam eine Kopie der gemeinsamen Arbeiten. Bei einigen Kindern sammelten sich im Laufe der zwei Jahre zahlreiche Werke an, andere wiederum arbeiteten bevorzugt mit Partnerkindern zusammen.

Ziel war es, jedes Kind der Klasse mindestens einmal als Autor oder Co-Autor in dem Talente-Portfolio zu haben.

Frühlingsgedicht

Im Garten sitzen
Nichts sehen als Blumen im Gras.
Nichts hören als Gezwitscher von Vögeln.
Nichts fühlen als Wärme.
Zwischen zwei Blumen denken –
Nun ist bald Frühling.

Doruntina, 2003

Blech- und Kupfernase,
dumme Kämpferphase
interessieren mich nicht die Bohne.
Mich beglücken Mikrophone
und ich möcht gerne meiner Linne
etwas singen von der Minne.
Doch ich soll ein Ritter sein,
was ist die Welt nur so gemein?

Lena, 2005

Vogelgedicht

Ein Vogel flog wunderbar,
für ihn waren die Wolken und der Himmel klar.
Er flog immer weiter,
er sah alles, sogar Reiter.
Er flog an Flugzeugen vorbei und
zum Schluss legte er noch ein Ei.

Max H. (fei gewählte Hausübung)

4.19 Projektmappe für begabte Kinder nach ihren Interessensgebieten

Einzelne Kinder gestalten *anstatt* oder zusätzlich zur normalen Hausübung eine **Projektmappe**. Auch hier gilt, dass positive Beispiele weitere gelungene Arbeiten nach sich ziehen.

Die Projektmappe wird den anderen Kindern nach einem festgelegten Zeitraum vorgestellt. Diese einfache Maßnahme ist differenzierend und begabungsfördernd zugleich. Die Erfahrung zeigt, dass Kinder der Grundschule gerne über Vulkane, giftige Spinnen, Weltwunder und dergleichen lernen würden, da diese Themen ihren Interessen viel mehr entsprechen als manches Thema der Sachunterrichtsbücher.

4.20 Montagfrage oder Knobelfrage der Woche

Am Montag jeder Woche werden Fragen, die die Klasse interessieren, formuliert, aufgeschrieben und während der Woche in freien Lernphasen oder auch als Hausübung beantwortet.

„Warum rinnt bei Schnupfen die Nase?"

„Warum saugt ein Schwamm?"

„Kann ein Regenwurm schwimmen?"

Die Antworten dafür können durch Recherchen im Internet, durch Befragung des Lexikons oder Erwachsener gelöst werden. Nicht alle Kinder haben an dieser Aufgabenstellung Spaß. Für manche Kinder wird die Lösungssuche keinen Aufforderungscharakter haben, um selbsttätig zu agieren. Einige Kinder jedoch warten voll Spannung auf die „neue Frage der Woche" und sind voll Lust dabei.

Bei der Auflösung der **Montagfrage** sollten alle Kinder aufmerksam sein. Vielleicht sind sie schon beim nächsten Mal auch aktiv dabei!

4.21 Individualisierte Angebote

Für einzelne Schülerinnen/Schüler werden **individualisierte Angebote** für einen bestimmten Zeitraum von der aufmerksam beobachtenden Lehrerin bereitgestellt. Dieses individualisierte Eingehen auf Stärken und Schwächen ist sicher ein Mehraufwand für die Lehrerin, kommt aber dem Förderauftrag absolut entgegen.

Alex als hoch begabter Dichter bekommt von mir ausgewählte klassische Gedichte. Ich kopiere sie und gebe sie in eine kleine Mappe.

Tina als interessierte Lernerin von englischen Vokabeln leihe ich eine CD aus der Sekundarstufe 1.

Andi gebe ich Informationen aus dem Internet über die Titanic. Die Familie hat noch keinen Internetanschluss.

Er gestaltet mit den Kopien und mit eigenem Material ein Plakat für die Klasse.

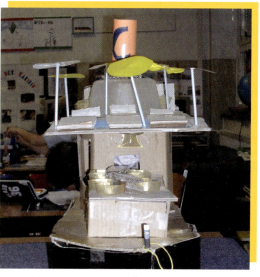

Modell der „Titanic" (Andi, 9 Jahre)

Modelle und Maßnahmen

4.22 Wissensvermittelnde Einrichtungen

Bibliotheken, Museen, Betriebe, gemeinnützige Einrichtungen wie Postämter, Feuerwehr, Banken und dergleichen werden gezielt aufgesucht.
Lehrausgänge oder **Lernausflüge** bereichern den Schulalltag und bringen eine willkommene Abwechslung für alle.

Die Anzahl der Lehrausgänge ist pro Schuljahr nicht beschränkt, d. h. als begabungsfördernde Lehrerin kann ich zu behandelten Themen – besonders im städtischen Raum – passende Einrichtungen finden und aufsuchen.

Meiner Erfahrung nach ist es besonders interessant, im Laufe der vier Grundschuljahre dieselbe Einrichtung mehrmals zu besuchen.

Tierpark Schönbrunn

In der ersten Klasse war der Lehrausgang hauptsächlich ein Staunen. Mindestens so interessant wie die Tiere war der Besuch des Spielplatzes.

Im zweiten Jahr bekamen die Kinder differenzierte Aufträge und mussten Fragen beantworten. Eltern begleiteten die Kleingruppen. Beispiele für Fragen: „Findet heraus, wie schwer ein ausgewachsenes Nashorn ist?", „Wie heißt das Gorillababy?"

Im dritten Jahr besuchten wir den Tiergarten im Zusammenhang mit dem Pinguinprojekt. Ich hatten eine Biologin und Pinguin-Spezialistin angefordert, die Spezialfragen der Kinder beantworten konnte.

In der vierten Klasse gingen die Kinder nur teilweise mit Erwachsenen in Kleingruppen und mussten sich bereits in der Schule überlegen, zu welchem Interessensgebiet sie Informationen sammeln wollten. Die Informationen wurden dann in Form von Quizfragen oder von einigen Kindern als Millionenshow aufbereitet.

Jeder Besuch hatte seine Besonderheiten und Schwerpunkte. Die Entwicklung der Gruppe war sehr deutlich zu sehen. Stand in den ersten Jahren noch Spielen und Schauen im Mittelpunkt, so wurde mit zunehmendem Alter der Kinder Fachlich-Sachliches interessant. Ähnliche Erfahrungen habe ich mit Einrichtungen wie „Haus des Meeres", „Technisches Museum" usw. gesammelt.

Als Faustregel empfehle ich jeden Monat mindestens zwei Lernausflüge.
Outdoor-Unterricht belebt den Alltag. Kinder nehmen Unterschiedliches mit, und die Differenzierung ergibt sich auch hier von alleine.

Kuffner Sternwarte (4. Klasse)

50 Modelle und Maßnahmen

Besuch im Karajanzentrum

Max Weiler-Malprojekt (2. Klasse)

4.23 Wissensvermittelnde Elternressourcen

Eltern, die durch ihren Beruf oder durch ihre Freizeitaktivitäten besonderes **Fachwissen** haben, werden eingeladen, dieses Wissen an die Kinder **weiterzugeben**.

Ein Vater ist Techniker und erklärt die Hardware eines Computers.

Ein Vater ist Tischlermeister und gestaltet eine technische Werkstunde.

Eine Mutter ist Zahntechnikerin und führt ein spezielles Mundhygieneprogramm durch.

Dipl.-Ing. Georg E. erklärt das Innenleben eines Computers.

Versuche mit Luft

Modelle und Maßnahmen **51**

4.24 Cluster Group

Eine **Gruppe von ähnlich begabten und interessierten Schülerinnen und Schülern** arbeitet für einen bestimmten Zeitraum gemeinsam.

Diese Fördergruppen können in jedem Gegenstand zusammengestellt werden.

Eine Kollegin betreut das Jahresprojekt „Schülerzeitung".

Interessierte und sprachbegabte Kinder aus den 3. und 4. Klassen nehmen im Ausmaß von einer Wochenstunde daran teil.

4.25 Grouping-Klassen

Eine **Gruppe von intellektuell überdurchschnittlich begabten Kindern** wird ähnlich dem Modell der Integrationsklassen in den Klassenverband bewusst aufgenommen. Dadurch ergibt sich eine extrem weite Spanne an Begabungen, aber auch gleichzeitig eine Gruppe von ähnlich Begabten.

In den letzten Jahren hatte ich im Durchschnitt 25 Kinder. Davon waren schon bei der Schuleinschreibung drei bis vier Kinder dabei, die ausgetestet intellektuell ein überdurchschnittliches Niveau hatten, bei Schuleintritt fließend lesen und je nach Begabungsschwerpunkt im Zahlenraum 100 sicher rechnen konnten usw.

Diese Kinder hatten sich meist auch schon eine eigene Schriftform angewöhnt: eine Mischung aus Block- und Druckschrift, die Buchstaben wichen sehr von der Schulschrift ab.

Vorteile:

- Diese Kinder sind keine „hervorragenden" Einzelgängerinnen/Einzelgänger mehr, wie sie vielleicht im Kindergarten angesehen wurden.
- Die Interessensgebiete sind ähnlich gelagert.
- Wortschatz und Ausdrucksfähigkeit sind akzeleriert. Daher sind sie für alle anderen Kinder ein nachahmenswertes Vorbild.
- Differenzierung ist vom ersten Schultag an auf Grund der großen Spanne auf jedem Gebiet nötig.
- Kinder können als Tutorinnen/Tutoren (Helferinnen/Helfer, Kinderlehrerinnen/ Kinderlehrer) eingesetzt werden.
- Begabungsfördernde Modelle und Maßnahmen müssen zum Einsatz kommen.

Nachteile:

- Die soziale Entwicklung besonders begabter Kinder hinkt des Öfteren hinter der intellektuellen nach.
- Manches begabte Kind fordert ein besonderes Maß an Gesprächsbereitschaft und Aufmerksamkeit von seiner Umgebung.

4.26 Plus-Kurs / Talentförderkurs / Superkids / Adjunct-Programm

sind kleine Interessensgruppen außerhalb der Unterrichtszeit.

Schachkurs
Fußballtraining
Theaterkurs
„Mathe Fix"
Schlaumeierkurs in ...

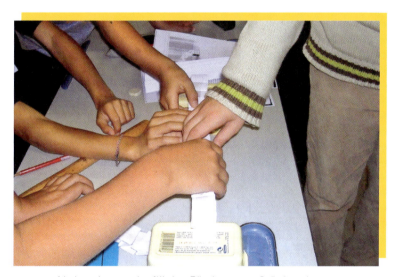

Naturwissenschaftliche Förderung – Brücken bauen

4.27 Mentorat

Das System des **Mentorats** in der Grundschule kenne ich bis jetzt nur von der Schweiz. In der Schweiz wird dem Kind eine Mentorin (Studentin, spezielle Lehrerin) zur Seite gestellt, die es in seiner Begabung an die Grenzen führt. Dieses System ist besonders für einseitige Hochbegabungen geeignet.

In Österreich bieten nur einige Firmen Mitarbeiterinnen als Mentorinnen für meist Berufsbildende Höhere Schulen an.

Leider gibt es noch keine Mentorinnen für die Grundschule. Die Einführung des Systems scheitert unter anderem an den fehlenden Finanzierungsmöglichkeiten.

4.28 Wettbewerbe / Olympiaden

Die Teilnahme an **Wettbewerben** und **Olympiaden** kann für begabte Kinder eine Herausforderung sein. Meist meldet die Lehrerin das begabte Kind zum Wettbewerb an.

Schulleiterinnen erfahren per Mail-Aussendung von den Ausschreibungen und entscheiden, ob sie diese Informationen an die Lehrerinnen ihrer Schule weiterleiten.

Der Wiener Stadtschulrat bzw. die Landesschulräte geben ebenfalls Auskunft über Bewerbe dieser Art.

„Känguru-Wettbewerb" der Mathematik
„Chemieolympiade"
Zeichen- und Malwettbewerbe
Literaturbewerbe

Wettbewerb

4.29 Sommerakademien

Mittlerweile finden in jedem Bundesland **Sommerakademien** statt. Ziel einer Sommerakademie ist die Förderung von begabten und interessierten Schülerinnen/Schülern meist in altersheterogenen Gruppen. In der Regel dauern die Sommerakademien 5 Tage und enden mit einer Präsentation. Gerne werden Themen und Bereiche angeboten, die in der Schule nicht oder nicht ausreichend behandelt werden.

Auch hier werden die Informationen an die Schulleiterinnen elektronisch geschickt. Schulleiterinnen geben die Informationen an die Kolleginnen weiter. Über die Lehrerinnen kommen die Informationen an die Eltern.

Die meisten Sommerakademien werden auch im Internet angeboten.
Die Teilnahme ist kostenpflichtig. Ermäßigungen gibt es bei Bedarf.

„Schwingungen mit allen Sinnen erfahren"

Auskünfte erteilen außerdem das Begabungsförderungszentrum des Stadtschulrates für Wien, das Özbf in Salzburg bzw. die zuständigen Landesschulräte.

4.30 Übung

Bitte überfliegen Sie die **Modelle** und **Maßnahmen** nochmals!

- Welches Modell hat Sie besonders angesprochen?
- Was könnten Sie sich vorstellen, dass Sie demnächst in die Praxis umsetzen werden?
- Wer könnte mit Ihnen mitarbeiten?
- Welche Informationen fehlen noch?

Die beschriebenen Modelle sollen Sie ermutigen, diese entsprechend der vorhandenen Ressourcen anzuwenden. Nicht jedes Modell wird für jeden Standort passen. Nicht jede Idee wird überall gleich gut ankommen. In der Praxis kommt es zu Überschneidungen der einzelnen Modelle.

5 Ideen und Tipps

5.1 Kennzeichnung

Wie erkennen Kinder und Eltern differenzierte Angebote?

Schon vom ersten Schultag an werden unterschiedliche Arbeitsmittel angeboten. Diese liegen am besten auf Tabletts oder in Behältern wie Körben oder Plastikkistchen. Die Qualität (= Schwierigkeit, Länge, Komplexität) der Materialien wird durch unterschiedliche Farben oder durch einfache Markierungen ersichtlich.

Rechenbeispiele, Lesetexte, Rätselaufgaben, Übungsaufgaben jeder Art usw. werden mit Symbolen gekennzeichnet. Somit wird der Schwierigkeitsgrad für alle sichtbar angezeigt.

 oder
oder

Erfahrungsgemäß können sich Kinder generell sehr gut einschätzen und eine ihrem Leistungsstand entsprechende Arbeit wählen. Natürlich kommt es immer wieder vor, dass einige wenige Kinder das 1-Stern-Arbeitsblatt ✷ wählen, obwohl sie ohne große Mühe die 3-Stern-Kartei ✷✷✷ schaffen würden und umgekehrt. Die Differenzierung liegt auch darin, dass die Arbeit von der Lehrerin bereitgestellt, aber nicht verordnet wird. Das Kind wählt aus! Nur einige wenige Kinder brauchen dabei Führung durch die Lehrerin.

Eine weitere Differenzierung ergibt sich auf Grund besonderer Umstände. Fühlt sich ein Kind etwas krank oder ist im Moment weniger bereit sich anzustrengen, dann reicht für einen kurzen Zeitraum eine einfachere Arbeit. Manche Kinder wählen die Arbeit danach aus, wie ihre Freunde wählen. Auch hier ist vielleicht ein dezenter Hinweis der Lehrerin nötig.

Ziel ist, sich anzustrengen, an die persönliche Leistungsgrenze heranzukommen oder diese sogar zu überschreiten. Dadurch erlebt das Kind Erfolg. Erfolgserlebnisse sind zweifellos hoch motivierend.

Reizwortgeschichte

✷ Geschichte: Fahrrad – Sturz – Oh weh!
✷✷ Geschichte: Fahrrad – Sturz – Begegnung der besonderen Art
✷✷✷ Geschichte: ___ ? ___ – Fahrrad – MURPS

Nacherzählung/Fabel

Einstieg: gemeinsames Besprechen der Geschichte mit Overheadprojektor und Bildern, zweimaliges Vorlesen und Abklären.

✷✷✷✷ Die Fabel wird umgeschrieben, eine eigene Fabel wird erzählt, ein neuer Schluss/verschiedene Schlussvarianten gesucht, …

✷✷✷ Die Kinder beginnen ohne Hilfsmittel die Nacherzählung zu schreiben.

✷✷ Die Kinder bekommen die Bilder/Wörter kopiert mit auf ihren Arbeitsplatz und beginnen zu schreiben.

* Gemeinsames Erarbeiten: Die Lehrerin schreibt an der Tafel, die Kinder schreiben im Heft. Eine Kleingruppe wird vor der Tafel gebildet. Die Kinder und die Lehrerin arbeiten die Fabel Schritt für Schritt durch.

5.2 Wie kann ich einen Text differenziert gestalten lassen?

5.2.1 Differenzierungsmöglichkeiten

- mehrere Schlussmöglichkeiten finden
- einen traurigen und einen lustigen Schluss finden
- Geschichte/Text ins Jahr 3005 transponieren
- in einer anderen Zeitform erzählen
  (z. B. von der Mitvergangenheit in die Zukunft bringen)
- in der Ich-Form erzählen
- aus einer speziellen Perspektive schreiben
  (aus der Sicht des Hundes, des Babys, …)
- als Lückentext
- als Text mit kleinen Zeichnungen oder Symbolen dazwischen

- als Text mit mehreren Auswahlmöglichkeiten

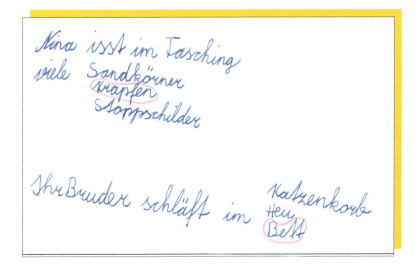

Ideen und Tipps

Differenzierungsmöglichkeiten bei Bildgeschichten

- das letzte Bild weglassen und somit keinen Schluss vorgeben
- das letzte Bild selbst zeichnen lassen und somit einen Schluss erfinden
- die Geschichte mit weiteren Bildern verlängern
- eine „Fortsetzung folgt"-Geschichte machen lassen
- Bild und dazupassenden Text zuordnen lassen
- Text anbieten und eine Bildgeschichte zeichnen lassen
- mit dem letzten Bild beginnen und die Geschichte von „hinten nach vorne" gestalten lassen
- einen Reim unter das Bild schreiben
- Sprechblasentext

Gerade **Bildgeschichten** werden in der Grundschule sehr häufig und schon vom Start weg angeboten. Umso wichtiger erscheint mir eine Differenzierung für Kinder, denen eine herkömmliche Vorgangsweise zu einfach und somit auch zu langweilig ist. Diese Vorschlagsliste ist lediglich als Anregung gedacht. Es gibt sicher noch mehrere Möglichkeiten.

Meiner Erfahrung nach bringen Kinder nur dann wirklich Leistung, wenn sie ihrem individuellen Niveau entsprechend gefordert werden.

Zu einfach oder zu schwierig frustriert gleichermaßen!

Ausgangssituation:

Einheitliches Angebot für alle Kinder, z. B. eine klassische Bildgeschichte mit sechs Bildern. Mehrere unterschiedliche Arbeitsaufträge ergeben eine Basisdifferenzierung:

Vorbereiteten Text einfach abschreiben

Text mit Hilfe von Stichwörtern schreiben

Frei schreiben

Arbeitstext „abstrusen"

(„Abstrusen" ist ein Kunstwort, das ein begabter Schüler verwendet hatte, um auszudrücken, dass er aus einem herkömmlichen Text einen witzigen Text mit abstrusen Veränderungen machen möchte.)

Bei der Gestaltung von Texten gibt es viele Möglichkeiten zu differenzieren. Das Angebot sollte aber auch nicht zu umfangreich werden, denn dann wird durch die vielleicht notwendige Erklärung und die Zeit zum Auswählen für Unentschlossene die Arbeitszeit knapp.

Daher empfehle ich, wie oben angeführt, drei bis fünf Möglichkeiten anzubieten. Dies ist eine bewährte Regel, die in Ausnahmefällen leicht verändert werden kann.

5.2.2 Arbeitstext zu einfach → auf Englisch schreiben lassen

Manche Wörter werden häufig falsch geschrieben und müssen von vielen Kindern geübt werden.

Das folgende Beispiel zeigt eine Differenzierung für jene Kinder, die eine Übungseinheit dazu nicht mehr benötigen und daher unterfordert und unzufrieden wären.

Meine Lieblingsfarbe ist **BLAU**.
My favourite colour is **BLUE**.

Mein Lieblingstier ist ein _____ .
My favourite animal is a dog.

5.2.3 Wochenendgeschichten

Deutsch, Sprechen

Wochenendgeschichten sind in der Grundschule sehr beliebt. Ziel von Berichten über Aktivitäten am Wochenende ist es, eine gelungene Verbindung von den freien Tagen zum Wochenbeginn herzustellen.

Einige Kinder haben Lust, besonders ausführlich zu erzählen, und müssen gebremst werden, andere Kinder wiederum zeigen keine Freude am Reden. Die Bandbreite ist enorm.

Bei mündlichen Berichten über das Wochenende kommt es aus meiner Sicht zu einer Umkehrung: Was kann ich tun, dass alle Kinder an die Reihe kommen, ohne Langeweile zu erzeugen und die Woche schon mit Disziplinierungsmaßnahmen beginnen zu müssen?

Möglichkeiten – mündlich:

- ein Satz zum Wochenende (jedes Kind)
- Highlight des Wochenendes (jedes Kind)
- ein PLUS-Satz, ein MINUS-Satz (jedes Kind)
- Erzählen in Kleingruppen
- Erzählen mit Innenkreis und Außenkreis: Die Kinder bilden zwei Kreise. Die Sessel schauen zueinander. „Innenkreiskinder" bleiben sitzen. „Außenkreiskinder" rutschen nach einem vorgegebenen Zeichen (Gong, Triangel, mündliche Aufforderung der Lehrerin) um einen Sessel weiter. Ziel der Übung ist, sich in Kurzform mit vielen verschiedenen Gesprächspartnerinnen/-partnern auszutauschen.

Möglichkeiten – schriftlich:

- **Themenfelder** vorgeben

  > *Familie   Sport   News   ?*

- **Samstagsgeschichte, Sonntagsgeschichte, __?__geschichte**

- **Headlines** der Ereignisse am Wochenende:
  „Aufregung im Kinderzimmer"
  „60. Geburtstag löste Familiengroßfeier aus"

- **Zeitungsartikel**
  Am Wochenende fuhr Max H., 9 Jahre, wohnhaft in Wien 9, nach Großmutschen. Großmutschen ist ein verschlafenes Dorf im Burgenland. Bei der Fahrt ereignete sich nichts Erwähnenswertes. Doch bei der Einfahrt in …

- **Steckbrief** zum Wochenende

  Tag
  Stimmung:
  Essen:
  Aktivitäten:
  Streitfaktor:
  Wetter:
  Stimmungsbild:
  _____ ?

- **Fragebogen** zum Wochenende (die Lehrerin erstellt, Kind 1 erstellt für Kind 2, …):

  Gab es etwas Besonderes?
  Hattest du Besuch?
  Warst du auf Besuch?
  Was hast du im Fernsehen gesehen?
  Auf welchem Gebiet warst du erfolgreich?
  Hattest du Streit?
  Was hast du gegessen?

- **„Elfchen"** (siehe Palmstorfer, Brigitte: Gedichteküche) um Wochenende:

  Lustig
  meine Kusinen
  hüpfen am Hochbett.
  Ich falle und schreie
  laut

- **Eigenschaftswörter, Namenwörter, Zeitwörter** zum Wochenende:
  langweilig, gut, schmackhaft, krank, …
  Geburtstag, Geschenk, Streit, Oma, Kino, …
  fernsehen, laufen, essen, …

- **Ich-Botschaften mit Bewertung** („Gurke" oder „Zitrone" des Wochenendes):
  Ich war am Wochenende krank.
  Ich habe mir einen spannenden Film angesehen.
  Ich habe mit meiner Mutter einen großen Streit gehabt.

5.2.4 „Wortbüro"

Rechtschreibsichere Kinder, die schon mit ihrer Arbeit fertig sind, werden als „**Wortbüro**" eingesetzt. Der eigene Sessel oder ein freier Platz in der Klasse wird zum Wortbüro umfunktioniert.

Den Kindern gefällt es, flott ein Schild zu schreiben – und schon ist das Wortbüro eröffnet.

Kleine Zettel zum Aufschreiben der gesuchten Wörter liegen bereit. Mitschülerinnen/Mitschüler stehen auf und bitten das Wortbürokind um das betreffende Wort. Das Wortbüro schreibt das gesuchte Wort in schöner Schrift auf. Der kleine Zettel wird mit auf den Arbeitsplatz genommen. Unsicherheiten, ob das Wortbüro die möglicherweise falsche Auskunft erteilt hat oder das Kind falsch abgeschrieben hat, sind so nachvollziehbar.

Das Wortbürokind wird nach den ersten Reklamationen automatisch auch zum Schönschreiben gezwungen. Viele begabte Kinder, mehrheitlich Buben, legen persönlich keinen Wert auf Schönschrift.

Eine ähnliche Situation ist mit einem „Kontrollbüro" in Mathematik oder in anderen Gegenständen möglich.

Die Kinder entwickeln nach der Einführung durch die Lehrerin eigene Einsatzmöglichkeiten und finden mit Sicherheit witzige Bezeichnungen.

Ein weiterer Vorteil liegt darin, dass das Wortbüro eine temporär fixe, stationäre Einrichtung ist.

Die Fragenden müssen aufstehen, können sich so bewegen und bei geschicktem Einsatz kommt es auch zu einer wirklichen Entlastung für die Lehrerin.

5.3 Differenzierung bei der Fehlerkorrektur

Eingedenk Montessoris Forderung an Pädagoginnen, „Respekt vor der Arbeit des Kindes" zu wahren, gibt es unterschiedliche Wege Fehlerhaftem – mehrheitlich Rechtschreibfehlern – zu begegnen.

Was ist überhaupt ein Fehler? Wer entscheidet, was schon oder was noch kein Fehler ist? Wie werden Fehler grundsätzlich bewertet? Soll die Fehlerbewertung abhängig von der Schulstufe sein und/oder vom jeweiligen Kind? Kann die Lehrerin *eine* Fehlerdefinition für *alle* 25 Kinder einer Klasse anwenden? Hat jedes Kind Anspruch auf eine eigene Definition?

Rund um die Klärung des Begriffes „Fehler" gibt es sicher unzählige Meinungen und aus meiner Sicht kein „richtig" oder „falsch".

Bevor sich eine Lehrperson an das Korrigieren von Fehlern macht, sollte sie diese Fragen verantwortungsbewusst für sich klären. Auch Eltern haben das Recht Erklärungen einzufordern. Dazu bedarf es vorangegangener gründlicher Überlegungen.

Bei Lernzielkontrollen wie Diktaten, Gedächtnisübungen, Ansagen von Übungswörtern u. dgl. wird eine andere Form der Korrektur nötig sein als bei einem Aufsatz.

Gerade Lernzielkontrollen verlocken Kolleginnen immer wieder die Anzahl der Fehler unter die Arbeit des Kindes zu schreiben. Persönlich lehne ich diese Art des Umgangs mit Kinderarbeiten ab. Ich wage zu behaupten, dass jedes Kind automatisch seine Fehler selbst zählt.

Meinem Verständnis nach ist es völlig unnötig, dass die Lehrerin die Anzahl dazu bzw. unter die Arbeit schreibt.

Besonders bei leistungsorientierten Kindern sind Vermerke wie „3 Fehler – war das nötig?" oder „1 Fehler!" obsolet.

Bei mehr als 10 Fehlern empfehle ich die *richtigen* Wörter zu zählen – wenn überhaupt gezählt werden soll – und diese zu unterstreichen.

In jedem Fall erscheinen mir aufmunternde schriftliche Kommentare motivierender als eine bloße Angabe der Fehleranzahl.

Zum Thema **Fehlerverbesserung** gibt es immer wiederkehrende Fragen, die mir bei Fortbildungen gestellt werden:

- „Muss ich alle Arbeiten der Kinder verbessern?"
- „Was mache ich mit Kindern, die so viele Fehler haben, dass ich nur ein »rotes Meer« hinterlassen kann?"
- „Mit welcher Farbe soll ich verbessern?"
- „Wie können Schularbeiten sinnvoll verbessert werden?"
- „Kann ich Fehler im Texteheft (Geschichtenheft, Aufsatzheft) einfach stehen lassen? Was sagen dann die Eltern dazu?"
- „Wenn ich nichts anstreiche, dann glauben vor allem Eltern, dass das Kind eine super Rechtschreibung hat. Wie gehe ich da am besten vor?"

Im Folgenden biete ich einige Möglichkeiten an, wie mit einem fehlerhaften Text differenziert umgegangen werden kann. Wieder bin ich davon überzeugt, dass nicht jede vorgeschlagene Methode für jedes Kind passt.

Ich verstehe Differenzierung als die individuell angepasste Möglichkeit für das betreffende Kind. Die Auswahl ist immer im Kontext zu sehen, d. h. Art des Textes, Tageszeit, im Verband entstanden oder als Hausübung, …

Möglichkeiten

1. Bei hoher Fehlerdichte schreibt die Lehrerin den Text möglichst „naturbelassen" – natürlich fehlerfrei – nochmals. Der fehlerfreie Text wird daneben eingeklebt, teilweise über den Kindertext geklebt, ins Heft eingelegt, von der Lehrerin auf eine neue Seite geschrieben, …

2. Fehlerhaftes verbessert die Lehrerin mit Bleistift in der Arbeit des Kindes und das Kind korrigiert danach. Bleistiftspuren werden nach der Korrektur von der Lehrerin oder vom Kind sorgfältig wegradiert.

3. Fehlerstellen werden von der Lehrerin markiert, z. B. durch Unterstreichen, durch Nummerieren, durch bunte „Post-it"-Notizen, und das Kind korrigiert selbstständig:

    - Das Kind arbeitet mit einem rechtschreibsicheren Partnerkind.
    - Das Kind arbeitet mit dem Schulwörterbuch.
    - Das Kind arbeitet mit dem „Österreichischen Wörterbuch".
    - Das Kind arbeitet mit dem „Duden".

    Die Nachschlagewerke sind unterschiedlich schwierig in der Handhabung – auch hier wieder eine Möglichkeit zur Differenzierung.

4. Die Lehrerin erstellt für das Kind eine Liste mit richtigen Wörtern und das Kind bessert selbstständig aus.

5. Die Lehrerin gibt nur einen nonverbalen Hinweis, in welcher Zeile sich der Fehler befindet, zeigt z. B. mit dem Finger drauf.

6. Die Lehrerin gibt einen Hinweis auf die Art des Fehlers, z. B. *„Überprüfe bitte die Groß- und Kleinschreibung in der 3. Zeile!"*

7. Die Lehrerin korrigiert Fehler auf herkömmliche Art und Weise (Rotstift, Farbstift, entsprechende Zeichen usw.). Der Fehler bleibt deutlich sichtbar im Text.

Das Kind verbessert

- durch richtiges Anwenden in einer speziellen, individualisierten Hausübung,
- durch mehrmaliges Untereinanderschreiben im Anschluss an die Arbeit,
- durch Anwenden des Wortes in *kurzen* Sätzen, denn sonst besteht die Gefahr, dass in den neuen Sätzen wieder Fehler sind, die dann eine Endlosschleife an Verbesserungen nach sich ziehen,
- durch Eintragen in die individuelle Rechtschreibkartei, in das Wörterheft, … .

- durch farbiges Gestalten des zu übenden Wortes,
- durch Schreiben in unterschiedlichen Schriftarten,
- durch Wortbilder.

Die Verbesserungstechniken richten sich nach den individuellen Stärken und Schwächen des betreffenden Kindes.

Die Art des Fehlers und begleitende Individualfaktoren wie Tagesverfassung, Tageszeit, Häufigkeit des Fehlerwortes, Textlänge usw. entscheiden über die Art der Verbesserungsform. Daraus ergibt sich die Differenzierung.

Für diese Formen der Fehlerkorrektur gibt es aus meiner Sicht im Grundschulalter grundsätzlich keine Alters- oder Klassengrenzen.
Mitunter wird es notwendig sein, noch in der 3. oder 4. Klasse einem Kind seinen Text gänzlich neu vorzuschreiben, da die Fehlerdichte genauso wie Form und Schriftqualität dies verlangen.
Bei einigen Schülerinnen/Schülern wird hingegen ein nonverbaler Vermerk genügen, damit sie bereitwillig korrigieren, ohne die Lust am Schreiben dadurch einzubüßen.

Die individualisierte Form des Korrigierens erfordert ein höheres zeitliches und persönliches Engagement der Lehrerin, macht sich aber durch die beständige Schreibmotivation der Kinder mehr als bezahlt.

Vorteile

- Es kommt zu einer persönlichen Auseinandersetzung mit dem jeweiligen Kind.
- Die Arbeiten werden durch die individualisierte Art der Fehlerkorrektur nicht abgewertet.
- Die Lehrerin hilft dem Kind „es selbst zu tun".
- Die Schreibmotivation bleibt erhalten bzw. wird gestärkt.

Nachteile

- Höherer Zeitaufwand

5.4 Hausübungen

Manche Kinder machen gerne **Hausübungen** und fragen auch an Tagen danach, wenn offiziell keine vorgesehen ist.
Für einige Kinder ist die Hausübung eine Möglichkeit, wichtige und noch nicht erreichte Ziele zu Hause nacharbeiten zu können.
Für andere Kinder wieder ist die Hausübung eine Qual, die mehrmals die Woche wiederkehrt. Erfahrungsgemäß ist genau diesen Kindern die Hausübung zu einfach, zu wenig herausfordernd und berührt sicher nicht ihr Interessensgebiet.

Innerhalb eines Klassenverbands gibt es einige wenige Kinder, die Hausübungen grundsätzlich ablehnen und auch keine positiven, motivierenden Erlebnisse damit verbinden.

5.4.1 „Frei gewählte Freitagaufgabe" – eine begabungsfördernde Hausübungsform

Die Kinder machen am Freitag – oder, wie die Erfahrung zeigt, eher über das Wochenende – Arbeiten, die ihren Neigungen und ihren Interessensgebieten entsprechen.

Texte über einen Vulkan
Informationen aus dem Netz
Divisionen mit Kommazahlen
Gedichte
Teile der Englischaufgabe des großen Bruders

Diese Arbeiten, die sehr unterschiedlich an Qualität und Quantität ausfallen, werden am Montag im Morgenkreis *kurz* der Klasse vorgestellt. Jedes Kind wird aufgefordert, seine frei gewählte Hausübung in den Kreis mitzubringen. So wird die Arbeit wertgeschätzt und die Lehrerin hat einen schnellen Überblick. Einige Kinder präsentieren gerne ihre Hausübung, andere wiederum wollen sie nur still abgeben. Die Lehrerin sieht deutlich, was einzelne Kinder wirklich interessiert und entdeckt neue Begabungen und Vorlieben.

Nur wenige Kinder wählen lieber den herkömmlichen Weg und ersuchen um einen Arbeitsauftrag. *„Ich möchte ein Matheblatt mit Multiplikationen!"* Auch diese Hausübungen werden wertgeschätzt, denn nicht jedes Kind entdeckt sofort seine Neigungen und benötigt erst ein paar Vorgaben durch die Gruppe. Durch die Vorstellrunde bekommen einige wiederum Ideen, was sie vielleicht bei der nächsten „Frei gewählten Freitagaufgabe" machen könnten.

Manche Kinder machen sich schon vorweg Gedanken, was sie arbeiten könnten, und brauchen die Hilfe der Lehrerin.

Philip ist selbst organisiert: *„Hast du ein Buch über Meerschweinchen? Ich bekomme bald eines und möchte etwas über das Tier wissen."*

Die Quantität ist nach oben offen, jedoch nicht nach unten. Kinder, die mit dem Satz: *„Ich habe in einem Buch gelesen"* die Aufgabenpflicht erfüllt meinen, bekommen beim nächsten oder übernächsten Mal eine „Aufgabe von der Lehrerin".

Die Erfahrung zeigt, dass viele Kinder gerne Hausübungen machen, besonders dann, wenn sie nicht wirklich aufgetragen wurden.

„Kann ich das Mathebuch fertig machen?"
„Ich schreibe das Gedicht ins Texteheft ein!"
„Ich bastle am Wochenende ein Schiff wie die Titanic!"
„Bitte gib mir ein leeres Heft, ich möchte eine lange Geschichte schreiben!"

5.4.2 Ferienaufgabe

Alle Kinder freuen sich auf die Sommerferien, aber für viele Kinder sind die bestehenden Ferien zu lange. Diese Kinder würden in den Ferien schon gerne schulisch zu arbeiten beginnen, weil sie sich nicht gefordert fühlen. Andere Kinder vergessen vieles, was in den Schulmonaten davor vielleicht mühsam geübt und trainiert wurde.

Für diese Kinder empfiehlt sich ein nicht verpflichtendes Arbeitsangebot, das sehr gut differenziert zusammengestellt werden kann. So können Arbeitsblätter für die noch zu übenden Schwachstellen bereitgestellt, spannende Internetadressen zur Bearbeitung empfohlen, Lektüre aus einer anderen Schulstufe mitgegeben werden u. v. m.

6 Hurra, die Schule beginnt!

Nina freut sich auf die Schule.

6.1 Gedanken zum Schulbeginn

Der Schulanfang ist in vielerlei Hinsicht ein Neubeginn und somit ein Abschied von Gewohntem. Diese neuen Gegebenheiten sind nicht für alle Kinder einfach zu bewältigen.
In keinem anderen Lernjahr kann die Lehrerin Fortschritte so genau beobachten wie im ersten Schuljahr.

Die erste Klasse der Grundschule ist – gefolgt von der vierten Klasse – erfahrungsgemäß die schwierigste im Hinblick auf die methodisch-didaktischen Herausforderungen. Die Vorbildwirkung und Bedeutung der Lehrperson für das Kind ist enorm und hat ebenfalls in der ersten Klasse ihren Höhepunkt.

Kinder freuen sich im Allgemeinen auf die Schule. Diese Freude gilt es für Jahre zu erhalten, am besten für immer.

Begabte Kinder freuen sich besonders auf die Schule, denn endlich geht ihrer Vorstellung nach das Lernen los, das Vermitteln von Wissen, das Erforschen und Erzählen über Dinge, die sie interessieren usw. Vielen waren die Angebote im Kindergarten zu „baby-isch". Dort wurden neugierige Kinder vielleicht nicht gesättigt, sondern auf die Schule vertröstet:

„In der Schule, da wird dann alles anders!" und
„Das lernst du dann, wenn du in die Schule kommst!"

Ist das wirklich so?

Lehrerinnen, die ihren Unterricht nicht differenzieren, lassen die neugierigen Kinder eine herbe Enttäuschung erleben. Das nur einfach gehaltene Angebot entspricht nicht den Interessen und dem Leistungsstand von allen Kindern. Unterforderung entsteht.

Die **Reaktionen** darauf können unterschiedlich sein:

Einige Kinder nehmen sich komplett zurück, können seit Schulbeginn nur mehr jene Buchstaben lesen, die gerade gelernt wurden oder rechnen im Zahlenbereich 10 wie die Mehrheit ihrer Mitschülerinnen/Mitschüler, obwohl sie noch im Sommer davor die Rechnungen der großen Schwester mit Hingabe und Interesse gelöst haben und eigentlich lesen konnten.

Andere wiederum beginnen zu verweigern. Sie zeigen überhaupt keine Leistungen mehr und die Lehrerin meint – gemessen an den tatsächlich erbrachten Leistungen – ein schwach begabtes Kind vor sich zu haben. Diese Kinder retardieren und verlieren ihr Neugierverhalten. Es kann passieren, dass die Lehrerin ihre Anforderung an das Kind noch mehr reduziert und das Kind auch diese nicht erfüllt.

Manche Kinder halten die Unterforderung überhaupt nicht aus und reagieren mit aggressivem, renitentem Verhalten. Diese Kinder bringen mitunter auch keine ihrem Potenzial entsprechenden Leistungen mehr, da das Verhalten und ihre Stellung im sozialen Gefüge ein ständiges, behinderndes Thema sind.

Die Folge ist Verzweiflung auf allen Seiten.

6.2 Wie kann Schule harmonisch beginnen?

Folgende Punkte erscheinen mir beachtenswert:

- **Tagesrhythmus/Zeiteinteilung: Pünktlichkeit, Rhythmus nach den Ferien muss gefunden werden, Pflicht statt Freiwilligkeit, …**

  Eltern sollten vor Schulbeginn mittels Elternbrief auf diese Punkte aufmerksam gemacht werden. Schulbeginn bedeutet Umstellung und auf diese kann sich jede Familie, jede Lebensgemeinschaft vorbereiten. Umstellung braucht Zeit und Geduld.

- **Gemeinschaft/Freunde/Bezugspersonen**

  Damit der Einstieg in die neue Gruppe harmonisch beginnt, sollten gleich zu Schulbeginn gemeinsame Aktivitäten wie Picknicks, Ausflüge oder Klassenfeste vorgesehen sein. So lernen sich alle auf nettem Wege kennen und erleben sich als Gemeinschaft.

- **Regeln/Anforderungen**

  Vor allem Eltern, die „Schulneulinge" sind, sollte auf angenehme Art vermittelt werden, was ich als Lehrerin an Regeln und Schwerpunkten in meiner erziehlichen Arbeit für wichtig erachte. Klarheit und durchdachte Informationen sind als Basis für die kommenden vier Jahre des Miteinanders zu sehen.

- **Wie schaut „das Bild von Schule" aus?**

  Jedes neue Schulkind hat bereits ein eigenes Bild von Schule und dieses wurde bereits geprägt:
  - von Erwachsenen, ihren Erfahrungen und Vorstellungen,
  - von älteren Geschwistern, ihren Erfahrungen und Erzählungen,
  - von eigenen positiven und negativen Vorstellungen,
  - von den Medien.

- **Welche Erwartungen werden an die Schule gestellt?**
  - aus der Sicht der Kinder
  - aus der Sicht der Erziehenden
  - aus der Sicht der Gesellschaft
  - aus der Sicht der Medien

- **Verallgemeinerungen**

  Rund um den Schulbeginn gibt es massive negative Verallgemeinerungen, die wie Bedrohungen für das Kind klingen. Diese negativen Glaubenssätze kann man zu Zeiten des jährlichen Schulbeginns in morgendlichen Radioprogrammen hören.

„Nun beginnt der Ernst des Lebens!"
„Na wart nur, bis du in die Schule kommst!"
„Dort weht ein anderer Wind!"
„Das wird dir in der Schule schon vergehen!"

Negatives sollte bewusst und gleich zu Beginn von der Lehrerin in positive Bilder umgewandelt werden.

Die Sprache der Lehrerin am Elternabend, bei jedem Elterngespräch und vor allem mit den Kindern sollte zum Ziel haben, eine angenehme Lernatmosphäre und ein freudvolles Bild von Schule zu vermitteln.

Positive Formulierungen:
„Da höre und lerne ich etwas Neues!"
„Bald kann ich selbst schreiben/lesen oder noch besser schreiben/lesen!"
„Zwar darf ich nicht den ganzen Tag spielen, aber mit Materialien arbeiten, die Spaß machen."
„Es ist wunderbar ein Schulkind zu sein!"

6.2.1 Einrichtung des Klassenraums/Raumorganisation

Tische in Kleingruppen aufstellen,
dabei freie Plätze einberechnen und somit auf jene Kinder Rücksicht nehmen, die mehr „Raum" brauchen.

Platz für Boden- oder Sesselkreis schaffen
Besonders in den ersten Jahren ist ein ständiger Wechsel der Sitzformationen wichtig. Sesselkreis, Bodenkreis, Sitzen in Gruppen, aber auch die Möglichkeit alleine zu sitzen sollten geschaffen werden. Nicht alle Klassenräume sind von vornherein so ausgestattet, dass dies möglich ist. Kreative Ideen der Gestaltung sind gefragt.

Einrichtung mit Strukturen,
die für alle – Kinder wie Eltern – erkennbar sind, erleichtert den Kindern den Ordnungsrahmen einzuhalten.

- farblich gekennzeichnete Bereiche für SU, M, D, L, Computer, Spiele
- strikte Trennung zwischen Spiel- und Arbeitsbereich
- Trennung von Lehrerinnen- und Schülerinnen/Schüler-Bereich

Zu Beginn sollte das bereitgestellte **Material sparsam** angeboten werden. So empfehle ich, in den ersten Wochen beinahe täglich ein neues Spiel oder Lernmaterial vorzustellen und durch Wiederholen und Verwenden sicherzustellen, dass alle Kinder die Regeln bzw. die Anwendung kennen. Nur so werden die angebotenen Materialien von allen benützt und können ihren beabsichtigten Zweck erfüllen.

Kontinuierliches Anwachsen des Materials

ermöglicht dem Kind das „Mitwachsen". So übernehmen die Kinder eher die notwendige Verantwortung für Materialien.

Klassenmaterialien bzw. Gemeinschaftsmaterialien

wie Kleber, Klammern, Taschentücher, Radiergummi, Bleistifte usw. **ausreichend und griffbereit** vorbereiten. Es kommt immer wieder vor, dass Kinder keinen Bleistift, Kleber oder dergleichen finden oder überhaupt dabei haben. Daher sollten aus meiner Sicht noch zusätzlich über die Klassenkasse oder den Warenkorb Verbrauchsmaterialien angeschafft werden. Eltern spenden auch auf Aufforderung gerne Büromaterialien. Es geht oft sehr viel Energie mit der Einforderung von Kleinkram verloren. Sind die Materialien jedoch Allgemeingut, ev. als solches gekennzeichnet, dann kann Zeit, die fürs Suchen und Ermahnen verlorengeht, für Sinnvolles verwendet werden.

Arbeitsplatz für Team- bzw. Begleitlehrerinnen schaffen

Auch im kleinsten Klassenraum sollte für Kolleginnen, die vielleicht nur einige Stunden in der Klasse verbringen, ein eigener Platz geschaffen werden. Die Kolleginnen sollen sich in der Klasse wohl und aufgenommen fühlen. Ein eigenes Plätzchen ist eine wichtige Voraussetzung.

Positives Lern- und Arbeitsklima schaffen

angenehme Raumtemperatur, freundliche Dekoration, Ordnung, …

6.2.2 Signale – Impulse

Es empfiehlt sich, klassenspezifische Signale und Impulse (verbal, akustisch, stumm, symbolisch, …) mit den Kindern zu vereinbaren, und die Verwendung dieser Signale bis hin zur Konditionierung zu trainieren.

Ziel ist es, durch Signale wortreiche Erklärungen einzusparen. Je weniger Energie für täglich wiederkehrende Arbeitsaufträge vergeudet wird, desto mehr bleibt für Aktuelles. Lehrerinnenworte sollten nicht inflationär werden. Kinder reagieren unterschiedlich. Meiner Erfahrung nach ist ständiges Reden für alle ermüdend und bringt immer weniger an gewünschten Reaktionen.

Körpersprache der Lehrerin

Die Lehrerin setzt sich auf die kreisförmige Bodenmarkierung des Turnsaales – Einleitung des Bodenkreises.

Die Lehrerin stellt ihren Sessel auf einen bestimmten Platz – Einleitung des Sesselkreises.

Musik

Es gibt eine bestimmte Musik für die Tätigkeiten des Aufräumens, Bewegens, Entspannens, …

Symbolkärtchen

Bestimmte Aktivitäten werden damit eingeleitet bzw. Botschaften geschickt.

Turnsackerl – „Bitte zum Turnen anstellen!"
Bild mit „heißen Ohren" – „Es ist zu laut in der Klasse!"

Einsatz von Gong, Klingel, Triangel, ...

Diese wohlklingenden Instrumente können mit einer Aufforderung oder Botschaft verbunden werden.

6.2.3 Sprache der Lehrerin

Einfach und klar

Besonders Kinder, die sich nicht in der Norm befinden, brauchen eine besondere Sprache. Bei begabten Kindern ist die Klarheit und Eindeutigkeit von großer Bedeutung. Intellektuell begabte Kinder sind meist auch sprachlich besonders geschickt, ausgezeichnet mit einem feinen Ohr für Unklarheiten und Ungereimtheiten und reagieren entsprechend darauf. Sie beginnen gerne bei Unklarheiten einen „verbalen Nahkampf" mit der Lehrerin. Das kostet besonders der Lehrerin Zeit und Nerven und ist in jedem Fall zu vermeiden.
Eine einfache, mit Körpersprache untermalte Sprache ist besonders bei jungen Kindern und da verstärkt bei Kindern mit nichtdeutscher Muttersprache unerlässlich.

Langsam

Mit „langsam" meine ich nicht „einschläfernd oder fad", sondern ein Tempo, das für den jeweiligen Anlass passt. Erklärungen z. B. von neuen Spielen müssen langsam, mit kleinen Pausen gegeben werden (es muss „sickern").

Akzentuiert

Die Lautstärke und das Tempo zu variieren – je nach Anforderung – erhöhen die Aufmerksamkeit. Schlüsselwörter sind aus dem Sprechtext durch Lautstärke oder besondere Mimik herauszuheben.

Vorbildhaft

Jede Zeit hat ihre besonderen Füllwörter, die hauptsächlich durch Medien (Sitcoms, Werbesprüche u. dgl.) an die Kinder herangetragen werden. Lehrpersonen sollten aus meiner Sicht diesen Trends entgegenwirken und genau diese Wörter eher nicht verwenden (*„ur-cool"*).

Freundlich

Zynismus, Spott und Hohn sollten von der Lehrerin auch in Stresssituationen und bei disziplinären Herausforderungen vermieden werden. Kinder agieren wie Spiegel, die verzerren und verstärken. Ein grundsätzlich freundlicher Umgangston ist für alle angenehm und wird von den meisten Kindern übernommen.

Du- bzw. Wir-Anrede

Besonders in den ersten zwei Grundschuljahren sollte auch in manchen Situationen die Gruppe mit einem „du" angesprochen werden: *„Bitte nimm dein Turnsackerl in die Hand und stell dich jetzt zur Tür!"*
Gleichzeitig muss das Wir-Gefühl gestärkt werden: *„Wir sind eine wunderbare Klasse und wir lernen gerne!"*

6.2.4 Gedanken zur Struktur

Folgendes gilt im Allgemeinen für jede Grundschulklasse, im Besonderen für die erste Klasse und hier wiederum speziell für die ersten Tage und Wochen.
Unterricht muss Unterschiedliches anbieten. Ein variantenreiches Angebot ist Grundvoraussetzung für Differenzierung.

Bei der Unterrichtsplanung bzw. bei der Nachbereitung sollte auf nachstehende Punkte geachtet werden:

- In welcher Formation biete ich welche Aktivitäten an?
- Sind bei meinem geplanten Unterricht unterschiedliche Sozialformen im Einsatz?
- Biete ich Unterricht für möglichst alle Sinne an?
- Wurde schon mit den Händen gearbeitet, gesungen, gab es ausreichend Bewegung, wurde Interessantes gespürt?

Folgende **Methoden** helfen besonders den Aktivitätsdrang von unruhigen Kindern zu dosieren:

- **Häufiger Wechsel von Aktivitäten**

- **Häufiger Wechsel von Formationen**
  Bodenkreis, Sesselkreis, Stehkreis, Lesekino, Arbeit am Platz, …

- Am Beginn einer ersten Klasse geht es nach meinem Verständnis mehr um den Wechsel, der Bewegung bringt, als um die Tätigkeit per se.

- **Einsatz unterschiedlicher Medien**

- **Häufiger Wechsel von Sozialformen**
  Einzelarbeit, Partnerarbeit, Gruppenarbeit sollten gleich zu Beginn des Schuljahres vorgegeben, besprochen und trainiert werden.

- Aus meiner Sicht ist es viel schwieriger erst in höheren Schulstufen Gruppenarbeit einzuführen und erfolgreich durchzuführen als gleich zu Beginn der ersten Klasse. Kinder sind in diesem Alter sehr auf sich konzentriert. Umso mehr muss erst gelernt werden, wie eine Gruppenarbeit im Zusammenhang mit schulischem Lernen vor sich geht. Werden jedoch schon in den ersten Monaten die Strukturen geübt und unterschiedliche Sozialformen gelernt, dann sind die Werkzeuge für jede Form von offenem Unterricht vorhanden. Nahezu jede(r) kann dieses Werkzeug bedienen und wird es auch verwenden.

- **Rhythmus**
  Rhythmus gibt dem Schultag Struktur, schafft Sicherheit und diszipliniert auf angenehme Weise. Ich verstehe Rhythmus als die positive Variante von Wiederholungen. Kinder, die nicht unbedingt in die Norm passen, brauchen das Gefühl zu wissen, was jetzt kommt. Die Grenze zwischen wohligem Rhythmus und langweiliger Wiederholung ist fließend. Es liegt am methodischen Fingerspitzengefühl der Lehrerin, den Unterschied zu spüren und für die Reaktionen der Kinder wach und aufmerksam zu sein. Kinder machen ungefragt Rückmeldungen, wenn die Grenze überschritten und der Rhythmus zum starren System an Wiederholungen wurde.

- **Bedeutung von Einstimmung und Ausklang**
  Wiederholung des Gelernten, Feed-back, Vorausschau, …
  Einstimmung und Ausklang sind als Teil des Rhythmus zu sehen. „Was haben wir heute gelernt? Was werden wir morgen machen? Worauf kann ich mich freuen? Juhu, morgen ist unser erster Zahlentag!"

6.3 Der erste Schultag – Aufregung für Groß und Klein

Ergebnis eines Kreativprojektes – Pappfiguren

Der erste Schultag besteht eigentlich nur aus einer Begrüßungs- und Einführungsstunde. In der vorbereiteten Umgebung werden die Kinder von der Lehrerin, selten den Lehrerinnen, begrüßt und in den Klassenraum geführt.

Eltern und Begleitpersonen können ebenfalls in die Klasse gebeten werden. Nach dem Begrüßen und dem Festhalten auf Film und Video usw. werden die Eltern freundlich – aber bestimmt – ersucht vor der Klasse (im Schulhof, in der Aula, …) zu warten. Nur in Einzelfällen wird eine durchgehende elterliche Betreuung notwendig sein.

Wenn ein Schnuppertag vorangegangen ist, empfiehlt sich die Anknüpfung durch

- Wiederholen der Lieder, der Gedichte, der Handpuppe, des Maskottchens usw.,
- gemeinsames Würdigen und Loben der entstandenen Arbeiten,
- persönliches, namentliches Ansprechen einzelner Kinder.

Zum Einstieg empfiehlt sich ein ansprechendes Tafelbild mit den Vornamen der erwarteten Kinder. Die Lehrerin zeigt auf den NAMEN und das Kind hebt z. B. seinen Arm (Einführen ins Aufzeigen) oder zeigt seine Schultüte (falls alle Kinder eine Schultüte mithaben), …

Vorstellrunde – Kreisformation

Ziel: Namen kennen lernen, Gruppengefühl anbahnen

- **Vorstellen mit einem Wollknäuel**

    Ein Wollknäuel wird von Kind 1 zu Kind 2 *gerollt*.
    Kind 1: *„Ich bin der Markus und wie heißt du?"*
    Die Kinder sollen ihr Stück Faden festhalten, bis alle an der Reihe waren. Ein „Spinnennetz" entsteht. Dieses Vorstellungsspiel dauert relativ lange und sollte daher nur in Klassen mit rund 20 Schülerinnen/Schülern angewandt werden.

- **Vorstellen mit einem Softball**

    Ein Softball wird von Kind 1 zu Kind 2 *gerollt*.
    Kind 1: *„Ich bin der Markus und wie heißt du?"*
    Diese Variante dauert weniger lang. Bälle verlocken zum Schießen!

- **Vorstellen mit Bewegung**

    Kind 1: *„Ich bin der Markus und meine Bewegung ist _____."*
    Gruppe oder Lehrerin: „Das ist der Markus und seine Bewegung ist _____."
    Diese Variante ist auf Grund der Bewegung dynamischer als die vorangegangenen. Einige Kinder sind eher schüchtern, andere wiederum machen ausgefallene Bewegungen. Ein wirkliches Kennenlernspiel!

- **Vorstellen mit einem kurzen Sprüchlein**

    Kind 1: *„Ich heiße _____ und fange an, nach mir kommst du dran!"*
    Kind 2 wird berührt oder bekommt das Maskottchen, den Ball, die Handpuppe, …

Orientierungsrunde

Jedes Kind sitzt auf seinem Platz.

- **Ziel: Schulspezifisches erkennen, optische Differenzierung**

    Die Lehrerin gibt einen **Modellsatz** vor, die Kinder übernehmen.
    Lehrerin: *„Ich seh, ich seh, was du nicht siehst und das ist _____!"*

- **Ziel: Akustische Differenzierung**

    Die Kinder sitzen auf ihren Plätzen und schauen ein.
    Die Lehrerin klopft auf einen Tisch, dreht das Wasser auf, „quietscht" mit der Kreide an der Tafel, …
    Die Kinder erraten das **Geräusch** und benennen den dazu verwendeten Gegenstand.

„KINO" – Arbeit am Overheadprojektor

- **Ziel: Einführung des Overhead-Projektors**

    Die Kinder sitzen in freier Formation, auch auf den Tischen, so dass jede(r) gut sieht.

    Der OV-Projektor hat besonders in der ersten Klasse eine gewisse Attraktion. Die Bezeichnung „Kino" habe ich von einem Kind übernommen und in den ersten Monaten verwendet.

Möglichkeiten

- Figuren aus der nachfolgenden Geschichte
- Inhalt einer Schultüte
- Inhalt einer Schultasche
- Namen
- Legematerialien – Mengenauffassung, erstes Rechnen

Vorlesen – „LESEKINO"

Die Kinder sitzen vor der Lehrerin auf dem Boden. Ein Buch mit Bildern wird zu den Kindern gehalten. Die Lehrerin liest und erzählt die Geschichte.

Möglichkeiten

- Weiterführendes vom Schnuppertag
- Neues

Vorschläge

- „Das kleine Ich bin ich" (Mira Lobe)
- „Pony, Bär und Apfelbaum" (Sigrid Heuch)
- „Schulgeschichten vom Franz" (Christine Nöstlinger)
- „Mini muss in die Schule" (Christine Nöstlinger)
- „Milli geht zur Schule" (Dagmar Chidolue)
- „Connie kommt in die Schule" (Liane Schneider, Eva Wenzel-Bürger)
- „Komm mit! Die Schule fängt an" (Bianca Minte-König)

Vorausschau auf den zweiten Schultag

- Was werden wir morgen machen?
- Was brauchst du für den zweiten Schultag?
- Worauf kannst du dich freuen?

Kleine gemeinsame Jause

Es empfiehlt sich mindestens **zwei** Angebote zu machen, z. B. Säfte und Kekse, Äpfel und Biskotten, …

Erste Hausübung/Aufgabe

Vorschläge

- Elternaufgabe: Elternbrief herzeigen, Abschnitt am nächsten Tag verlässlich wieder mitbringen
- Notfalladressen im Infoheft/WICHTIG-Heft ausfüllen
- Schmücken und Verzieren des Namenskärtchens
- Schultüte zeichnen

Persönliches Verabschieden

Praxiserprobte Gedichte, die zum Schulanfang und den ersten Wochen passen:

Ich kenn ein großes _____ Haus.
Die Kinder gehen ein und aus.
Sie kommen täglich wieder
und singen viele Lieder.
Sie spielen dort und lachen
und machen schöne Sachen,
die allen Freude machen.

(Quelle unbekannt)

Was ist das?

Ich bin ein großes _____ Haus
und Kinder gehen ein und aus.
Alle tragen große Taschen.
Sind sie denn auch gut gewaschen?
Sie lernen, spielen, turnen fein!
Das kann ja nur das Schulhaus sein.

(Quelle unbekannt)

Die Glocke läutet kling, kling, klang.
Wir fangen mit der Arbeit an!
1, 2, 3, 4, 5, 6, 7
in der Schule wird geschrieben,
in der Schule wird gelacht,
bis das ganze Schulhaus kracht.

(Quelle unbekannt)

Zwei Elefanten, die sich gut kannten,
hatten vergessen ihr Frühstück zu essen.
Da sagte der eine: „Was ich jetzt brauch,
sind 33 Bananen im Bauch!"
Darauf der andere: „Ich auch!"

(Aus: Der Wünschelbaum, 151 Gedichte für Familie, Schule und Kindergarten)

Grüner Frosch, du hüpfst so weit.
Komm, jetzt hüpfen wir zu zweit!
Grüner Frosch, quak mir was vor!
Und dann quaken wir im Chor: quak, quak, ...

*(Aus: Der Wünschelbaum,
151 Gedichte für Familie, Schule und Kindergarten)*

Wir kommen in die Schule, ja heißa, hurra
und morgen/heute sind wir alle ganz *pünktlich* da
tralala lalalala, ...
und morgen/heute sind wir alle ganz *pünktlich* da

(Quelle unbekannt, Melodie: „Ein Männlein steht im Walde")

Hinweis: Das Wort *pünktlich* kann z. B. durch *fröhlich*
oder *mit der Aufgabe* ersetzt werden.

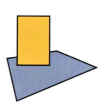

6.4 Wie baue ich den Unterricht in der ersten Woche der 1. Klasse auf?

Folgende praxiserprobte **Module/Bausteine** helfen einen Rhythmus zu finden:

- Singen und Bewegen
- Vorlesen bzw. Erzählen mit Bildmaterialien
- Zwischenturnen
- Neues Material einführen
- **Arbeitsblock:** Gemeinsames Arbeiten – möglichst differenziert
- Sach- oder Gesprächskreis
- **Arbeitsblock Freiarbeit:**
  Unterschiedliche, frei zugängliche Materialien liegen auf. Darunter sind auch einfache Materialien, bei denen das Kind keinerlei Hilfe benötigt (Plastilin, Puzzle, Lego usw.)

  Kinder, die noch weiter arbeiten wollen, können in dieser Zeit betreut werden.

  Kinder, die einiges noch nicht verstanden haben, können ebenfalls in dieser Zeit betreut werden. Hier wird auch der Unterschied zum Kindergarten deutlich, denn die Lehrerin als Beobachterin registriert, wo einzelne Kinder noch nacharbeiten müssen, und fordert dies ein.

  Die Mehrzahl der Kinder wird das von der Lehrerin vorgesehene Pensum bewältigt haben und auch damit zufrieden sein. Diese Kinder haben Zeit ihren Begabungen und Interessen nachzugehen und aus dem Angebot der Klasse zu wählen. Sie brauchen in dieser Zeitspanne die Lehrerin nicht. So bleibt Zeit für Kinder mit besonderen Bedürfnissen.

  Ausklang und Abschluss mit einem Spiel oder Lied.

Zeitrahmen

5–10 Minuten	Singen und Bewegen
10–15 Minuten	Gesprächskreis
5–10 Minuten	Vorstellen eines neuen Spiels oder Materials
10–15 Minuten	sachorientierte Aktivitäten
10–15 Minuten	gemeinsame Ess- und Trinkpause
25–30 Minuten	gemeinsames Arbeiten
5–10 Minuten	Zwischenturnen
30–40 Minuten	Freiarbeit
10–20 Minuten	Abschluss, Ausklang

Modul Deutsch, Schreiben:
Gemeinsames Arbeiten mit differenzierten Angeboten

1. Schwungübungen im Riesenheft
2. Arbeitsblatt – differenziert
3. Breite Pinsel, Wasser, Streifentafeln – z. B. Namen/Übungswörter schreiben

5–8 Minuten: gemeinsame Nachbesprechung

7 Elternarbeit

Jede(r) möchte das Geschenk sehen (4. Klasse).

Wenn wir von Elternarbeit sprechen, meinen wir oft nur Elternteile und vergessen beinahe, dass es viele „Miteltern" oder „Ersatzeltern" wie Großeltern, ältere Geschwister, Lebensgefährtinnen oder Horterzieherinnen gibt, die die Kinder hervorragend betreuen. Trotzdem hält sich schon seit Jahrzehnten beharrlich die Bezeichnung *Eltern*sprechtag, *Eltern*abend, *Eltern*brief usw.

Es ist noch keine wirklich gute Alternativbezeichnung gefunden worden. Ich gebe zu bedenken, dass auch hier Differenzierung stattfinden sollte.

Alleinerzieherinnen grundsätzlich mit *„Liebe Eltern!"* anzuschreiben erscheint mir bedenkenswert.

Eine Anredemöglichkeit in Briefen wäre z. B.:

- *Liebe Eltern und Sorgende!*
- *Liebe Frau …!*
- *Lieber Herr …!*

Elternarbeit (Mutter, Vater, Großeltern, Geschwisterkinder, Horterzieherinnen, Lebensgefährtinnen, …) ist **Kommunikation** im weitesten Sinn.

Im Folgenden habe ich versucht, in das Feld „Kommunikation mit Eltern" Struktur zu bringen:

- Schriftliche Kommunikation
- Mündliche Kommunikation
- Nonverbale Kommunikation

Schriftliche Kommunikation

Elterninfos, Elternbriefe, Einladungen, jegliche Form der Mitteilung (Eintragungen im INFO-Heft, Bemerkungen der Lehrerin unter Kinderarbeiten, Beantwortung von Briefen, E-Mails, SMS usw.)

Mündliche Kommunikation

■ Das formelle Gespräch

Damit sind jene Gespräche gemeint, auf die sich beide Seiten mehr oder weniger vorbereiten können.

Elternsprechtage
KDL-Gespräche (Kommentierte Direkte Leistungsvorlage = Zeugnisgespräche)
Beratungsgespräche
fixe Sprechstunden usw.

■ Das informelle Gespräch

Damit sind Gesprächsituationen gemeint, die sich zufällig ergeben.

Kind und Mutter waren beim Arzt und kommen während der Arbeitszeit bei der Klassentür herein. Die Mutter möchte noch gerne wissen, wie …

Die Lehrerin trifft die Großmutter eines Kindes auf der Straße und diese möchte gerne über ihr Enkelkind …

Um Störungen und Missverständnissen entgegenzuwirken, gilt es bei beiden Kommunikationsformen kurz zu überprüfen:

- Habe ich verständlich gesprochen?
- Wie ist meine Botschaft beim Empfänger angekommen?
- Welche Bedeutung hat die Botschaft für den Empfänger und was könnte sie auslösen?
- Welche Stimmung war sowohl auf der Empfänger- als auch auf der Senderseite zu spüren?
- Was davon wurde behalten?
- Wie könnte die Botschaft weitergeleitet werden?

Viele Unstimmigkeiten beruhen auf Missverstandenem, nicht genügend Hinterfragtem, gefärbt Weitergeleitetem usw.

Nonverbale Kommunikation

Achten Sie bei Elterngesprächen auf Mimik, Gestik, Körperkontakt zwischen Erwachsenem und Kind usw.

Genauso sollten Sie ihre eigene Körpersprache und die möglichen mitgeschickten Botschaften reflektieren. Eine kleine Augenbewegung, z. B. Hochziehen der Brauen oder Lächeln, kann eine Aussage in positive oder negative Richtung verändern.

Körpersprache ist in ihrer Aussagekraft bekanntlich ehrlicher als verbale Kommunikation und kann vom Sender eher nicht gesteuert werden.

7.1 Elternarbeit – wozu?

■ **Bewusste systematische Elternarbeit als eigenständige Dimension der Lehrerinnenarbeit erkennen**

Aus meiner Sicht ist Elternarbeit ein wesentlicher Bestandteil der Lehrerinnenarbeit. Wie schon der Begriff *Elternarbeit* sagt, handelt es sich bei erfolgreicher Durchführung um richtige *Arbeit*, die mit Liebe und Engagement, Zielen und Rückschlägen als solche akzeptiert werden sollte.

Elternarbeit ist aus meiner Erfahrung dann erfolgreich, wenn sie systematisch und rhythmisch betrieben wird. Sie sollte schon vor dem eigentlichen Schulbeginn starten. Elternabende und Kennenlerntage (Schnuppertage) nehmen mögliche Ängste und Unsicherheiten und tragen auf allen beteiligten Seiten zu einem gelungenen Einstieg bei.

■ **Moderne, differenzierte Wege im Umgang mit Eltern überdenken und auf persönliche Bedürfnisse zurechtschneiden**

Nicht jeder Elternteil benötigt gleich viel Zeit und Aufmerksamkeit. Sich dieses Umstandes bewusst zu werden, meint Differenzierung auch auf diesem Gebiet. Daher empfehle ich keine fixen Zeiten bei Elternsprechtagen, sondern eine offene Liste, in der sich jede(r) Eintragende so viel Zeit nimmt, wie sie/er mit hoher Wahrscheinlichkeit benötigt.

Eltern von Kindern, bei denen es keinen dringlichen Anlass gibt, bitte ich freundlich an Elternsprechtagen nicht zu kommen, da nur so für gesprächsbedürftige Eltern Zeit bleibt. Einige wenige Eltern lade ich persönlich ein, sei es mittels E-Mail oder durch ein Telefonat, wenn aus meiner Sicht Gesprächsbedarf vorliegt.

■ **Ideen bzw. Erfahrungswerte zur Nutzung von Elternressourcen**

Eine durchschnittliche Schulklasse mit 25 Kindern bietet ein Feld von rund 60 bis 70 Erwachsenen (Großeltern und Geschwister mit eingerechnet). Aus diesem Feld ergeben sich wiederum bei genauer Auseinandersetzung berufsbedingte Ressourcen, aber auch solche, die aus dem Freizeit- und Hobbybereich stammen.

> Der Vater ist Arzt, der Großvater ist Jäger, die große Schwester war gerade ein halbes Jahr auf Schüleraustausch in den USA, der Onkel hat ein Export-Importgeschäft mit Trockenfrüchten, …

Ziel einer erfolgreichen Elternarbeit ist aus meiner Sicht das Nutzen und Einbinden dieser sicherlich vorhandenen Ressourcen im Sinne des **Expertenlernens**.

Wenn keine persönliche Bereitschaft da ist, als Expertin in den Unterricht zu kommen, so kann ich als Lehrerin die materiellen Ressourcen, die Elternteile bieten (Kopierpapier, Büromaterialien, für einen bestimmten Zeitraum mit anderen Eltern gemeinsam für ein gesundes Frühstück sorgen usw.) für meinen Unterricht nutzen.

Letztendlich kann jede(r) bei entsprechender Beachtung etwas Wertvolles zum schulischen Leben beitragen. Ein Mit- und Voneinanderlernen ist die pädagogisch wertvolle, erwünschte Konsequenz. Soziales Miteinander passiert automatisch.

- **Spezifika im Umgang mit Eltern von Kindern mit besonderen Bedürfnissen kennen lernen und darauf eingehen**

    Eltern von Kindern mit besonderen Bedürfnissen benötigen mehrheitlich eine intensive Betreuung. Dies gilt für Kinder mit Lerndefiziten genauso wie für begabte und hochbegabte Kinder. Die elterliche Verunsicherung ist in diesen Gruppen überdurchschnittlich hoch, und daraus ergibt sich ein qualitativer und quantitativer Unterschied. Auch bei der Elternarbeit gilt es zu differenzieren.

    Aus eigener Erfahrung möchte ich darauf hinweisen, dass es bei einigen wenigen Eltern notwendig sein kann Grenzen aufzuzeigen. Diese Eltern sind oft so mit ihrem persönlichen Problem „Mein Kind" gefüllt, dass einfach scheinende Höflichkeitsregeln wie langwierige Telefonate am späten Abend u. dgl. nicht als Grenzüberschreitung wahrgenommen werden.

- **Hilfestellung als Fachkraft geben bzw. an andere Fachkräfte, Einrichtungen und Institutionen sowie Literatur- und Internetquellen verweisen**

    Zu meinen Aufgaben als Lehrerin gehört es, über Institutionen und Einrichtungen Auskunft geben zu können bzw. mich mit der Beantwortung von Elternfragen in diesem Zusammenhang zu beschäftigen.

    Weiters sehe ich auch die Vermittlung von Adressen und Anlaufstellen für Legasthenie, Bettnässen, Begabungsförderung u. dgl. als eine meiner Aufgaben.

7.2 Bedeutung von Elternabenden

Elternabende sollten ein fixer, regelmäßiger Bestandteil der schulischen Beziehungsarbeit sein. Am Anfang der Schulzeit gibt es meines Wissens fast keinen Standort, wo nicht nahezu alle Eltern oder Elternteile einer netten Einladung Folge leisten.

Dieser erste Begegnungsabend ist als Weichensteller für alle folgenden zu sehen, denn meist entscheidet sich zu Beginn der Schulzeit, ob und wie intensiv Elternabende besucht werden.

Im Folgenden versuche ich ein paar wesentliche Regeln oder Gedanken für einen gut besuchten, positiv gestalteten Elternabend aufzulisten. Zu Beginn und gegen Ende der Grundschulzeit ist die Kommunikation mit Eltern am intensivsten. Ziel ist es, in den wertvollen Jahren dazwischen unter anderem durch Elternabende Zusammenarbeit und Zusammenhalt zu erreichen.

- **Einladungen mit verlockenden Ankündigungen**

    Themen, die Eltern interessieren, wirkliche Infos über den für Eltern meist unbekannten Schulalltag, kleines Video von den Kindern, Fotoausstellung, Vernissage mit den (ersten) Kinderwerken, Abschlussarbeiten eines Projekts, Powerpointpräsentation mit Impressionen aus dem Schulleben, Referentin einladen, Materialien vorstellen, …

- **Einen günstigen Einladungszeitpunkt auswählen**

    Elternabende sollten erfahrungsgemäß eher nicht an Freitagen oder rund um Feiertage stattfinden. Die Einladung sollte an unterschiedlichen, immer wechselnden Wochentagen stattfinden. Höhepunkte im TV, z. B. Olympiaden, Fußballübertragungen u. dgl., haben Vorrang und verringern ansonsten die Teilnehmerinnenzahl.

    Bei der Beginnzeit ist auf Berufstätige Rücksicht zu nehmen. Beim Elternabend könnte ev. durch eine Abstimmung die günstigste Beginnzeit herausgefunden werden.

Es empfiehlt sich, rund eine halbe Stunde vor Beginn schon anwesend und vorbereitet zu sein, um so für einige Eltern einen „Minielternsprechtag" anbieten zu können, der bei Bedarf genützt werden kann.

■ Erinnerung

Bei einigen Kindern bzw. deren Eltern reicht eine einmalig ausgesandte Einladung, unabhängig von der Art und Weise, nicht. Möchte ich, dass möglichst alle Eltern am Elternabend teilnehmen, dann brauchen einige wenige Eltern eine Erinnerungshilfe. Diese kann per E-Mail, SMS, Aufkleber auf der Schultasche des Kindes usw. erfolgen.

Auch hier ist zu differenzieren, denn aufmerksame Eltern würden durch diese Erinnerungen vielleicht sogar genervt sein. Das wäre kontraproduktiv.

■ Genaue Angaben

Abgesehen vom Programm helfen genaue und leicht verständliche Angaben über Zeit, Ort und vorgesehene Dauer Unsicherheiten vorzubeugen. Dies gilt besonders bei „schulneuen" Eltern, Eltern mit nichtdeutscher Muttersprache oder grundsätzlich am Beginn der Grundschulzeit.

Wegbeschilderung zur Klasse überlegen!

■ Weg vom Lehrerinnenmonolog – hin zur Moderation

Elternabende laufen sehr oft wie Vorlesungen zum Thema Schule ab. Die Lehrerin steht und redet, die Eltern sitzen und hören zu. Einige wenige stellen Fragen, oft auch nur um der eher mühsamen Zuhörersituation zu entkommen. Erschwerend kommt dazu, dass die Sitzgelegenheiten einer ersten und zweiten Klasse besonders unbequem sind.

Wie jede(r) schon am eigenen Leib verspürt hat, ist reines Zuhören nach rund einer halben Stunde der Aufmerksamkeit nicht gerade dienlich. Daher empfiehlt es sich Vorstellrunden, Fragerunden, Befindlichkeitsfragen zur Situation des Kindes als Schulkind u. dgl. einzuplanen, die den Monolog der Lehrerin unterbrechen.

„Ich bin die Mutter vom Florian und erwarte mir von Schule, dass …"
„Meine Tochter heißt Mariana und ich habe diese Schule/Klasse gewählt, weil …"
„Mein Sohn Max freut sich besonders auf ____, weil er …"
„Klemens hat über die Projektwoche erzählt, dass …"

Schon bei Elternbriefabschnitten, die den Erhalt der Nachricht bestätigen, können die Eltern aufgefordert werden, in kurzen Schlagworten ihre Wünsche und Themen aufzuschreiben. So ist man besonders als Junglehrerin von den Fragen der Eltern nicht überrascht oder sogar überrumpelt, kann sich darauf vorbereiten und es ergeben sich wirkliche Bedürfnisthemen der Eltern. Wie bei allen Angeboten wird nur ein Teil der Elternschaft dieser Aufforderung nachkommen, aber für die Bedürfniserhebung reichen die Rückmeldungen aus.

Weiters kann gleich zu Beginn eines Elternabends erhoben werden, was Eltern gerne besprechen würden. Die Lehrerin schreibt die Fragen bzw. Themenvorschläge der Eltern auf Tafel, Overheadfolie oder Flipchart. Die Eltern werden auf diese Weise ermutigt, an der Gestaltung des Abends mitzuarbeiten. Die Erfahrung zeigt, dass diese Methode der Gestaltung recht gut angenommen wird und bald eine gewisse positive Eigendynamik erhält.

▪ Frequenz – Gewohnheit

Im Moment sind zwei Elternabende pro Schuljahr per Gesetz vorgesehen. Aus meiner Sicht empfiehlt sich eine weit höhere Frequenz, da Eltern gerne wissen, was in der Schule ihres Kindes geschieht und „wie es so läuft". Wenn die Frequenz höher ist, kann man dieser Erwartung leichter gerecht werden, denn Eltern sehen z. B. die Veränderungen an Plakaten, Zeichnungen, ausgestellten Arbeiten, anderen Sitzordnungen, neuen Materialien usw.

So steigt ihr Vertrauen und auch wiederum ihre Bereitschaft z. B. neue Materialien zu finanzieren oder selbst herzustellen oder an für alle positiven Veränderungen mitzuarbeiten.

Beginnt man in der ersten Klasse mit dem Einführen von Zusammentreffen im Abstand von rund sechs Wochen, so wird dies zur Gewohnheit.

Elternabende können dadurch kürzer und effektiver werden und unterscheiden sich positiv von „Marathonsitzungen auf kleinen Sesseln".

Gemeinsamer Abschluss

▪ Rahmenbedingungen überprüfen

Raumtemperatur

In vielen Klassenräumen ist es viel zu warm und stickig. Besonders bei Elternabenden sollte auf Raumtemperatur und Belüftung geachtet werden.

Sitzordnung

Sollen die Eltern auf den Plätzen ihres Kindes sitzen?
Soll sich jede Person dorthin setzen, wo es ihr am meisten zusagt?
Soll ein Sesselkreis gemacht werden?
Sollen die kleinen Sessel für den Anlass ausgetauscht werden, z. B. durch Sessel aus dem Lehrerinnenzimmer?

Soll der Elternabend in das Lehrerinnenzimmer verlegt werden?
Soll ein Elternabend nur in der Schule stattfinden oder wäre das Extrazimmer einer netten Lokalität nicht besser geeignet?

Gemütlichkeit

Wie kann ich als einladende Lehrerin die Gemütlichkeit steigern?

Vor der Organisation jedes Elternabends sollten diese Fragen überlegt werden.

Persönlich bevorzuge ich die Sesselkreisform, denn sie erscheint mir für Gespräche ideal. In der Mitte des Kreises lege ich gerne Werke der Kinder oder anderen Lesestoff auf, damit die Zeit vor Beginn gut genützt werden kann.

Vorschläge und Tipps können nie für jede(n) passen. Es sollten immer wieder neue Überlegungen angestellt und Neues ausprobiert werden, damit die Beteiligten eines Elternabends nicht in starre Gewohnheit verfallen.

Möglichkeiten zur Mitschrift/Protokoll

Nicht alle Besucherinnen eines Elternabends haben an die Möglichkeit gedacht, dass sie sich Termine, Neuigkeiten und Ähnliches notieren könnten. Schreibmaterial anzubieten ist im eigenen Interesse.

Genauso empfiehlt es sich, einzelne Personen zu ersuchen ein Protokoll anzufertigen, in dem die wichtigsten Punkte des Abends zusammengefasst werden. Gedächtnisstützen dieser Art sind für alle Beteiligten nützlich, aber besonders für jene Eltern, die nicht dabei sein konnten. Diese Mitschrift kann kopiert und/oder als E-Mail verschickt werden.

Dauer

Schulveranstaltungen wie Elternabende oder Präsentationen sollten meiner Erfahrung nach nicht länger als eineinhalb Stunden dauern. Es ist weit besser, die Eltern mit dem Gefühl des Bedauerns, dass die Veranstaltung zu Ende ist, als mit dem Gefühl der Erschöpfung nach Hause gehen zu lassen.

Lädt die Lehrerin öfters im Schuljahr ein, wird sich eher ein knapper, prägnanter Elternabend ergeben.

Verpflegung

Elternvertreterinnen, aber nicht nur diese, könnten den Elternabend noch gemütlicher machen, indem sie die anderen Eltern bewirten.

Die Finanzierung dafür kann aus der Klassenkassa kommen oder auch durch private Spenden.

Ausmaß und Durchführung hängen in hohem Maße vom Standort der Schule ab.

■ Einstieg und Ausstieg

Der Anfang und das Ende einer Veranstaltung bleiben eher im Gedächtnis haften als die Zeit dazwischen.

Ein Einstieg, der authentisch die Situation in der Klasse schildert, gesammelte Anekdoten, eine „ungelöschte Tafel", die einen direkten Einblick ins Tagesgeschehen bietet, usw. stimmen die Besucherinnen emotional auf Schule ein.

Genauso bedeutsam ist das Ende des Abends. Für Fragen noch Zeit haben, ev. noch mit einigen Eltern den Elternabend in einem Lokal ausklingen lassen usw. festigen die Beziehungen.

- **Beschäftigungsmöglichkeiten für eventuell mitgebrachte Kinder organisieren**

    Manche Mütter bleiben dem Elternabend fern, weil sie keinen Babysitter organisieren können oder wollen. Diesem Umstand kann ich als Lehrerin Rechnung tragen, indem ich z. B. Materialien wie Plastilin, Comics, Computerspiele vorbereite, Kulinarisches wie Kekse und Obststücke herrichte, in der Nachbarklasse einen Videofilm zeige, ältere Kinder bitte als Babysitter zu fungieren usw.

    Meiner Erfahrung nach stören kleine Geschwisterkinder die Aufmerksamkeit aller und lenken ab. Daher ersuche ich Eltern grundsätzlich ohne Kinder zu kommen, schaffe aber gleichzeitig Möglichkeiten, jüngere Kinder möglichst geräuschfrei zu beschäftigen, falls eine Teilnahme nur mit Kindern möglich sein sollte.

- **Leerzeiten vor Beginn sinnvoll nützen**

    Vor Beginn des Elternabends herrscht eine gewisse Anspannung, die durch ein Beschäftigungsangebot auch für Eltern aufgelockert werden kann. Diese Zeitspanne kann mit Hintergrundmusik oder aufgezeichneten Liedern der Klasse überbrückt werden. Wenn ich die Umgebung ein wenig vorbereite, indem ich Arbeiten der Kinder, Fotos zum Anschauen und zum Nachbestellen auflege, Texte kopiere und diese aufbereite usw., helfe ich allen den Zeitraum vor Beginn zu nützen und sich auf die Klassensituation einzustimmen.

    Wenn die Eltern einander besser kennen, nützen die meisten die Zeit für ein kurzes Gespräch. Einigen jedoch komme ich mit einer vorbereiteten Umgebung entgegen.

- **Ertrag überprüfen, Feed-back einholen**

    Mit manchen Elternteilen wird schnell ein Vertrauensverhältnis entstehen, bei anderen wiederum wird es länger dauern. Den Ertrag und ein gewisses Maß an Rückmeldungen einzuholen ist empfehlenswert.

7.3 Elternarbeit bei besonders begabten Kindern

Die folgenden Punkte entstanden aus Erfahrungen, kombiniert und bestätigt durch Gelesenes.

Die Praxis zeigt, dass Eltern hochbegabter Kinder die Zusammenarbeit mit der Schule in besonderem Maße suchen.

- **Informationsbedürfnis**

    Sie informieren sich meist genauer als andere Eltern über Arbeitsformen, Wege, Ausbildungsprofile der Lehrerinnen und Möglichkeiten, die von einer Schule grundsätzlich und von der Klassenlehrerin im Besonderen angeboten werden. Dieses Informieren und genaue Nachfragen wird des Öfteren von Kolleginnen missinterpretiert. Sie fühlen sich überprüft oder gemessen.

    Aus der Sicht der Hilfe suchenden Eltern, die mitunter negative Erfahrungen in früheren Bildungseinrichtungen gemacht haben, ist dieses Verhalten zu verstehen.

    Wenn ich als Pädagogin den Fragen offen gegenübertrete, signalisiere ich grundsätzliche Offenheit, Gesprächs- und Kooperationsbereitschaft. Begabte und vor allem hochbegabte Kinder haben spezielle Bedürfnisse, die es zu respektieren und zu erfüllen gilt.

    Zusammenarbeit mit den Sorgenden ist aus meiner Sicht unerlässlich.

Katrin kann schon seit ihrem 5. Lebensjahr lesen, zeigt dies aber in der Schule nicht, da ihre Freundin sich mit dem Leselernprozess plagt. Katrin versteckt ihr Können. So kann es passieren, dass die Lehrerin von Katrins Fähigkeiten vorerst nichts bemerkt.

- **Fehleinschätzung**

  Bei vielen Eltern besteht grundsätzlich die Gefahr, dass sie ihr Kind über- oder unterschätzen.

  Manche Eltern haben keine Möglichkeiten ihr Kind mit anderen „peers" zu vergleichen. Über- und Unterschätzung kommen bei Einzelkindern weit häufiger vor. Kinder verhalten sich in der Schule oder im Kindergarten oft völlig anders als zu Hause. Dies bezieht sich sowohl auf das Leistungs- als auch auf das Sozialverhalten.

  Leistungen, die das Kind aber außerhalb des Klassenverbandes vollbringt, werden manchmal in der Schule nicht gezeigt. Der umgekehrte Fall kann genauso vorkommen.

  Dass einige Eltern dazu tendieren, ihr Kind zu überschätzen, ist ein grundsätzliches Problem und hat nicht speziell mit Hochbegabung zu tun.

- **Fähigkeiten und Erfahrungen**

  Manche Eltern von offensichtlich hochbegabten Kindern können dazu neigen, deren Fähigkeiten „herunterzuspielen" und auch nicht darüber zu sprechen. Das hat erfahrungsgemäß mehrere Gründe, z. B. dass sie schon negative Vorerfahrungen gemacht haben, dass sie lieber ein normal begabtes Kind hätten, dass sie Erziehungsprobleme haben, die sich durch die Intellektualität des Kindes verstärken, usw.

- **Ängste**

  Manche Eltern äußern die *Befürchtung*, dass ihr Kind hochbegabt ist. Wie sich diese Befürchtung äußert, ist nicht selten schichtenspezifisch.

- **Unterforderung und Auffälligkeit**

  Beide Ausprägungen sind meist schon im Kindergarten zur Sorge geworden. Es bleibt die Befürchtung, wie und ob die Schule mit den besonderen Bedürfnissen des Kindes zurechtkommen wird.

  Aus meiner Sicht ist diese Befürchtung berechtigt, da der pädagogische Grundsatz der Differenzierung und Individualisierung noch nicht in allen Schulen erfüllt wird.

- **„Mein Kind ist anders"**

  Manche Eltern brauchen Hilfe, um die Tatsache zu bewältigen, dass ihr Kind *anders* ist.

  Wie kann diese Hilfe aussehen?

  In jedem Bundesland gibt es mittlerweile Einrichtungen, Beratungsstellen, Zentren, Modellschulen, Fachkräfte, die sich mit dem Thema Begabung/Hochbegabung auseinandergesetzt haben (siehe S. 86).

■ Erziehung

Manche Eltern reagieren mit Hilflosigkeit und Verwirrung auf die herausragenden intellektuellen Fähigkeiten ihres Kindes und

- trauen sich nicht dem Kind zu widersprechen,
- führen aufwendige „Grenzdiskussionen",
- wissen nicht, wie weit das Kind noch als Kind oder schon als Erwachsener zu behandeln ist,
- müssen lernen auf mögliche Geschwisterrivalität zu reagieren.

Auch hier ist die Lehrerin als pädagogische Fachkraft aufgefordert zu helfen bzw. den Versuch zu wagen als Korrektiv zu wirken.

Untersuchungen haben gezeigt, dass die Persönlichkeit und die Leistung eines Kindes am signifikantesten durch das Verhalten seiner Eltern beeinflusst werden.

Fazit ist, dass zu den herkömmlichen Erziehungsproblemen noch hochbegabtenspezifische dazukommen (vgl.: Webb, Meckstroth, Tolan: Hochbegabte Kinder, ihre Eltern, ihre Lehrer, S. 53 ff.).

■ Geschlechtsspezifische Unterschiede

Erfahrungswerte aus Beratungsstellen, z. B. Begabungsförderungszentrum des Wiener Stadtschulrates, zeigen, dass es sich bei Kindern mit Schwierigkeiten zu rund einem Viertel um Mädchen und zu drei Viertel um Buben handelt.

Erfahrungswerte aus Beratungsstellen in Deutschland zeigen ein ähnliches Bild.

Verhältnis von Beratungsfällen:

- 28 % Mädchen
- 72 % Buben

(Aus: Homo Super Sapiens, S. 89)

■ Tests

Die Meinungen zum Thema Test klaffen auch unter Fachleuten auseinander. Unbestritten bleibt, dass Tests Momentaufnahmen sind, auch von der Situation und der Testperson abhängen und bei jüngeren Kindern weniger Aussagekraft haben als bei älteren Kindern.

Tests helfen zumindest, Klarheit bei der Frage nach dem grundsätzlichen intellektuellen Potenzials eines Kindes zu schaffen.

Hohes Potenzial ist nicht immer gleichbedeutend mit hoher schulischer Leistung.

Oft bleiben für Eltern und Lehrpersonen folgende Fragen offen:

- Wieso macht mein Kind trotz hohem IQ so viele Fehler?
- Wieso bringt es nicht „lauter Einser" nach Hause?
- Was mache ich als Mutter mit der Aussage „weit überdurchschnittlich begabt"?
- Wie soll ich es fördern?
- Was bringt die ausgewählte Schule bzw. die Klassenlehrerin?
- Was kann die Schule überhaupt bringen?
- Was muss die Schule per Gesetz bringen?

Die ganzheitliche Betrachtung der Persönlichkeit des Individuums und seine bestmögliche Förderung sind anzustreben.

„Checkliste" für Elterngespräche
(in Anlehnung an Heinbokel, A. : Hochbegabte. LIT Verlag, 1996, S. 34 ff.)

Diese Fragenliste ist als Vorschlag und möglicher Leitfaden für ein Elterngespräch gedacht, um ohne psychologische Testverfahren herauszufinden, ob eventuell eine intellektuelle Hochbegabung vorliegt.

Je mehr dieser Fragen mit JA beantwortet werden können, desto höher ist die Wahrscheinlichkeit, dass es sich um ein „hervorragendes" Kind handelt:

- Ist das Kind lebhaft und aufmerksam?
- Hat es eher ein geringes Schlafbedürfnis?
- Hat es Entwicklungsstadien im Baby- und Kleinkindalter ausgelassen oder schneller als seine Altersgenossen durchlaufen?
- Kann es (vor Schuleintritt) lesen? Hat es das Lesen beinahe ohne fremde Hilfe gelernt?
- Hat das Kind ein sehr gutes Gedächtnis?
- Kann es sehr genau beobachten?
- Kann das Kind logisch und Sinn zusammenhängend denken?
- Wie schaut das Frageverhalten aus? Fragt das Kind extrem viel und lässt sich vor allem nicht mit knappen Antworten zufrieden stellen?
- Ist das Sprachvermögen in Menge, Vokabular und Satzbau weiter entwickelt als das seiner Altersgenossen?
- Kann es sich bei Dingen, die es interessant findet, auffallend lange konzentrieren?
- Hat das Kind eine ungewöhnlich starke Fantasie?
- Ist es das älteste oder das einzige Kind?
- Sucht es sich eher Freunde, die älter sind?
- Haben Sie das Gefühl, dass die intellektuelle Entwicklung der biologischen und der sozial-emotionalen voraus ist?
- Interessiert es sich sehr für die Probleme der Menschheit?
- Nennen Sie bitte Themen, für die sich das Kind interessiert!

Beratungsstellen (Stand 2006)

- Kompetenzzentrum des Wiener Stadtschulrates
- Landesschulrat des jeweiligen Bundeslandes
- Österreichisches Zentrum für Begabtenförderung und Begabungsforschung in Salzburg (özbf)
- TIBI

7.4 Elternsprechtage

Elternsprechtage müssen nach Stand des derzeitigen Schulorganisationsgesetzes zwei Mal im Jahr abgehalten werden. Das ist aus meiner Sicht nur ein Mindestmaß, das je nach Bedarf individuell ausgebaut werden sollte.

Um einen gelungenen, für alle Beteiligten erfolgreichen Elternsprechtag gestalten zu können, bedarf es gewisser Überlegungen und Vorbereitungen.

Vorbereitungen

Notizen

Bei einigen Kindern – nicht bei allen – erachte ich Notizen als unerlässlich. Unabhängig von der Vorgangsweise sollten Impressionen, Höhepunkte, Vorfälle, besonders Gelungenes und Aussagen vom Kind, aber auch von den Mitschülerinnen/Mitschülern festgehalten werden. Ob diese Notizen auf Karteikarten, in einem dafür vorgesehenen Heftchen oder elektronisch festgehalten werden, hängt wiederum von den Vorlieben der Lehrerin ab.

Einladung

Eine allgemeine Einladung ins Mitteilungsheft, durch einen Elternbrief oder durch die Direktion ausgegeben, erscheint mir zu wenig persönlich. Meiner Erfahrung nach besteht kein Bedarf *alle* Eltern in dieser auf drei Stunden beschränkten Zeit zu sprechen. Einige Eltern werde *ich* dringend sprechen wollen, einige Eltern werden *mich* dringend sprechen wollen. Bei einer kleinen Gruppe werden beide Seiten das Bedürfnis nach einem Gespräch haben. Auch diese werden wiederum unterschiedlich kraft- und zeitaufwändig sein.

Ich halte wenig von einer einheitlichen Zeitgießkanne von wenigen Minuten pro Kind. Die Differenzierung ist auf Grund der unterschiedlichen Bedürfnislage gerechtfertigt. Manche Kolleginnen denken, dass sie nur dann gerecht handeln, wenn alle Eltern einheitlich mit Gesprächszeit bedacht werden.
Schon bei der Einladung kann ich die Differenzierung zum Ausdruck bringen, ohne jemanden zu übergehen oder zu frustrieren.

Das Kind zu loben und seinen Eltern ein positives Feed-back zu geben ist wichtig. Dieses Lob kann genauso auf anderem Wege „ausgesprochen" werden, z. B. kurzes E-Mail, positive Eintragung ins INFO-Heft (Mitteilungsheft, Elternheft, WICHTIG-Heft) u. dgl. Daher empfehle ich, jene Familien bei Elternsprechtagen auszuklammern, bei denen es nur um eine positive Verstärkung geht.

Ich finde, bei Elternsprechtagen soll vor allem Zeit sein, um *Eltern* sprechen zu lassen. Frustrierend ist sicher für beide Seiten, in rund fünf Minuten meist Negatives von Lehrerinnenseite ohne Beratung und Lösungsansatz vermittelt zu bekommen. Mit diesen negativen Sätzen beladen gehen Eltern nach Hause und geben ihren verständlichen Frust an das Kind weiter. Eine kontraproduktive Begegnung!

Um Elternsprechtage zu differenzieren und bedürfnisgerecht zu organisieren, sollten meinem Verständnis nach nur jene Eltern oder Elternteile angesprochen werden, bei denen ein Gespräch Hilfestellung auf allen Seiten erwarten lässt. Konstruktive Begegnungen brauchen Zeit.
Die Lehrerin sollte daher Elternsprechtage so organisieren, dass nur für einige wenige Eltern diese Zeit zur Verfügung steht.
Bei dieser Vorgangsweise ist die Zufriedenheit aller Beteiligten weit höher als bei „gerechten 5-minütigen Kurzgesprächen" für alle Eltern!

Elternsprechtag mit Kind

Eine überdenkenswerte Situation: Das Kind langweilt sich vor der Klassentür, die Mutter verschwindet im Klassenzimmer. Das Kind kann mit großer Sicherheit davon ausgehen, dass seine Person, sein Verhalten, seine Schulleistungen Thema sein werden, aber es ist nicht dabei.

Daher denke ich, dass es viele Situationen gibt, in denen der gemeinsame Besuch von Eltern und Kind äußerst sinnvoll ist. Ich meine, dass es wie in fast jedem Bereich des Schulalltags auch hier zu differenzieren gilt. Die Fragestellung „Wann ist das Gespräch in welcher Konstellation am Ziel führendsten?" muss von Fall zu Fall beantwortet werden.

Die richtige Lösung gibt es nach meinem Dafürhalten nicht.

Elternsprechtage sind vom Gesetz her nicht notwendig, wenn die Kommentierte Direkte Leistungsvorlage (KDL) oder das Pensenbuch als Beurteilungsform gewählt wurden – trotzdem bleiben sie für einzelne „Härtefälle" nützlich.

Sprechstunden

In der Grundschule ist im Gegensatz zu den weiterführenden Schulen die Einrichtung von Sprechstunden nicht vorgesehen. Dieser Umstand sollte aber keine Kollegin davon abhalten, eine Sprechstunde einzurichten.

Diese fixe Zeitspanne kann nach Bedarf von Eltern in Anspruch genommen werden. Es empfiehlt sich eine Einheit anzugeben, in der man weiß, dass man ohnedies länger in der Schule sein wird.

Stundenbild 1 – Deutsch, Sprechen

„Kleine Philosophiestunde" zum Thema ZEIT

Tafelbild

Links: Zeitwörter

fahren rechnen
gehen essen
spielen …

Mitte: ZEIT-Wörter

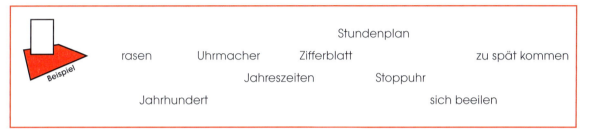

Im Klassengespräch werden

- Unterschiede zwischen „ZEIT-Wort" und „Zeitwort" herausgefunden,
- die linke Tafelseite mit weiteren Bespielen gefüllt,
- die Mitte der Tafel mit weiteren Beispielen gefüllt.

Danach finden die Kinder in Gruppen weitere ZEIT-Wörter und notieren sie.
Die gefundenen Begriffe werden flott vorgelesen und die Klasse hat den Auftrag „schwarze Schafe" herauszuhören.

Während die Kinder Hefte und Schreibutensilien herrichten, schreibt die Lehrerin aus jeder Gruppenarbeit 3 Begriffe auf.

Das so entstandene erweiterte Tafelbild soll in einer gemeinsamen, aber differenzierten Schulübung enden:

Auftrag der Lehrerin: *„Findet Möglichkeiten diese besonderen Wörter aufzuschreiben!"*

Gefundene Möglichkeiten der Kinder:

- nach dem Alphabet
- nach den Wortarten
- möglichst viele ZEIT- und Zeitwörter in einem Satz
- möglichst fehlerfrei nach dem entstandenen Tafelbild

Ein differenzierter, offener Auftrag ermöglicht jedem Kind, nach seinem Niveau zu arbeiten. Die Aufträge sind unterschiedlich in Qualität und Quantität. Somit kann es zu keiner Unter- oder Überforderung kommen.

Diese Art von Unterricht gehört eigentlich zur Kategorie „gebundener Unterricht" oder „Frontalunterricht".

Meinem Verständnis nach ist es differenzierter Unterricht, der von der Lehrerin geleitet wird, aber nicht im Gießkannenprinzip alle Kinder Gleiches machen lässt.

Innere Differenzierung ohne zusätzliche Arbeitsmittel!

Stundenbild 2 – Deutsch, Rechtschreiben

„Verben mit -ieren"

Ein Beispiel für gebundenen Unterricht der Grundstufe 2 mit ein- und demselben Auftrag für Kleingruppenarbeit

Einige Verben stehen zu Beginn der Stunde an der Innentafel. Das Tafelbild dient als stummer Impuls:

operieren   subtrahieren   multiplizieren   radieren

Gemeinsam werden neue Verben gesucht und deren Bedeutung erklärt bzw. „übersetzt".
Um sicherzustellen, dass Fremdwörter auch wirklich verstanden wurden, werden sie in kleinen mündlichen Sätzen angewandt oder in Rätselform erfragt.
Gerne stellen Kinder Begriffe pantomimisch dar.
Wenn rund 15–20 Verben das Tafelbild erweitern, arbeiten die Kinder selbstständig. Sie formieren sich in Kleingruppen und schreiben auf Zeit.

Arbeitsauftrag: *„Schreibt bitte weitere Verben auf! Im Flüsterton, sonst hört die Nachbargruppe mit und nimmt euer Wort!"*

Danach liest die 1. Gruppe ihre neuen Verben vor, die anderen Gruppen haben den Auftrag gleiche Wörter zu streichen.
Danach liest die 2. Gruppe vor und alle anderen haben wieder den Auftrag gleiche Wörter zu streichen.
Dies geht so lange, bis alle Gruppen an der Reihe waren.

„Einzigartige Wörter" werden eingeringelt oder speziell gekennzeichnet. So bleiben in jeder Gruppe nur wenige Wörter übrig, da sie Häufigkeitswörter gefunden hatte, die die Mehrheit der Klasse auch fand.

Zum Schluss wird geprüft, welche Gruppe die meisten „besonderen", daher eingeringelten Wörter gefunden hat.

Die Differenzierung ergibt sich auch hier von alleine.
Alle Kinder sind immer beschäftigt, da sie ja ihre Liste ständig durchschauen, zuhören und idente Wörter streichen müssen.

Durch die leichte Konkurrenzsituation passen auch beim Vorlesen oder bei der Endüberprüfung alle Kinder auf.

Einige „*-ieren*-Wörter" werden von der Lehrerin zum bereits bestehenden Tafelbild dazugeschrieben und auf unterschiedliche Weise im Schulübungsheft notiert.

Möglichkeiten

- nur abschreiben
- nach Wortfeldern ordnen, z. B. „Schulwörter"
- Nomen dazu finden:
  subtrahieren – Subtraktion
  operieren – Operation
  radieren – der Radierer, der Radiergummi

Stundenbild 3 – Deutsch, Lesen

„Wir lesen gemeinsam ____"

Ausgangssituation

Alle Kinder der Klasse haben den gleichen Lesestoff in Händen.

Wie kann ich als Lehrerin vermeiden, dass kein Kind unter- oder überfordert ist?

Bekanntlich sind gute Leserinnen/Leser schnell fertig und die Frage bleibt offen, was diese Kinder danach tun. Langsame Leserinnen/Leser kommen nur mühsam weiter und erfahren selten das Ende der Geschichte.

Mögliche Vorgangsweise

Die Lehrerin oder ein „gutes" Lesekind lesen die Geschichte an. Alle Kinder lesen selbstständig und still weiter.

Ein gemeinsamer zeitlicher Rahmen wird bestimmt.

Die Lehrerin liest mit den besonders langsamen Leserinnen/Lesern und **erzählt einzelne Passagen**. So kann die eher langsame Lesegruppe aufholen und es entsteht kein allzu großer zeitlicher Unterschied zu den flotten Lesekindern.

Bevor die Kinder mit dem Lesen beginnen, werden die Arbeitsaufträge geklärt. So kann Unruhe vermieden werden:

- *„Wenn du fertig bist, nimm dir leise einen Papierstreifen und einen Stift! Du kannst eine oder noch besser mehrere schwierige Fragen aufschreiben. Falte den Streifen und gib ihn anschließend in den Fragenkorb! Mit oder ohne deinen Namen – entscheide!"*
- *„Du kannst auch eine Szene zeichnen, die zum Gelesenen passt!"*

Im Laufe der Zeit entwickeln die Kinder noch andere interessante Möglichkeiten, wie sie die Zeit nach dem Lesen sinn- und lustvoll nützen können, ohne die noch Lesenden zu stören.

Ideen

- **Rätsel** formulieren
- selber einen **Lückentext** mit Rätselcharakter gestalten
- einen **neuen Schluss** für die Geschichte finden
- eine **begründete Kritik** an der Geschichte formulieren
- auf vorbereitete Materialien zeichnen (Zeichenblätter, schwarze Filzstifte)
- **Fragen** zur Lektüre auf vorbereite Papierstreifen schreiben, diese falten und in einen Korb/eine Schachtel geben

Die Fragen werden dann von der Lehrerin oder einem Kind vorgelesen und gemeinsam beantwortet.

Im Sinne einer Lernzielkontrolle können die Fragen auch erst in den nächsten Tagen besprochen werden.

Die Zeichnungen werden kurz kommentiert und z. B. am Boden aufgelegt.

Eine so gestaltete Lesestunde ist differenziert und bietet für jedes Leistungsniveau Aufgabestellungen an. Die „Spielregeln" müssen – wie bei anderen Aufgaben auch – vorher ausgemacht und jeweils an die Gegebenheiten angepasst werden.

Stundenbild 4 – Mathematik, Sachrechnen

M-Sachaufgaben für die 3./4.Klasse

Mehrheitlich beginnen neue Kapitel von Mathematikbüchern mit leichten und enden mit schwierigeren Aufgabenstellungen. In einigen Büchern sind schwierigere Beispiele als solche gekennzeichnet. Übungsbeispiele sind auch meist so angeordnet, dass sie leicht beginnen und zunehmend – meist gegen Ende der Übungsseite – schwieriger werden.

Ausgangsituation

Alle Kinder der Klasse haben das gleiche Mathematikbuch vor sich. Ziel ist differenziert, jedoch in gebundener Form zu arbeiten – Basisdifferenzierung, sodass alle Kinder ihrem Niveau entsprechend arbeiten können und es zu keiner Über- oder Unterforderung kommt.

Arbeitssituation

Die zu erarbeitenden Beispiele werden gemeinsam besprochen. Mindestens drei Übungsbeispiele sollen am Ende der Mathematikeinheit im Heft stehen.

✳ ✳ ✳ Einige wenige Kinder, die grundsätzlich schon in einem fortgeschrittenen Teil des M-Buchs arbeiten, rechnen alleine nach ihrem Ermessen und horchen nur mit. Das reicht meistens.

✳ ✳ Manche Kinder bearbeiten die besprochenen Beispiele alleine. Sie stehen auch während der Besprechung leise auf und entscheiden selbst, wann sie keine weiteren Erklärungen und Veranschaulichungen mehr benötigen. So wird verhindert, dass guten Rechnerinnen/Rechnern alle Lösungen vorgegeben werden und Sachrechnen zu einer passiven Abschreibarbeit wird.

✳ Die Lehrerin arbeitet mit den schwachen Kindern gemeinsam: Sie schreibt an der Tafel, die Kinder arbeiten gemeinsam Schritt für Schritt im Gleichklang im Heft.

Kinder, die sich vorher entschieden haben alleine zu arbeiten, können jederzeit kontrollieren bzw. in die Tafelarbeitsgruppe umsteigen.

Diese Art der Differenzierung erfordert klare Regeln. Die Lehrerin arbeitet nur mit der Tafelarbeitsgruppe. Leistungsstarke Rechnerinnen/Rechner müssen in dieser Zeit gemeinsam arbeiten.

Motto: „Frage leise jemanden, von dem du annimmst, er/sie weiß die Antwort!"

Stundenbild 5 – Sachunterricht

Differenziertes Angebot im Sachunterricht

Bei der Vorbereitung von Sachunterrichtsthemen empfehle ich stets Grund- und Erweiterungsstoff anzubieten. Viele Themen des Sachunterrichts werden in jedem Schuljahr erneut behandelt.
So lohnt es sich, schon ab der ersten Klasse Erweiterungsmaterial bereit zu haben. Einige Materialien passen im Sinne der Vernetzung auch in einen anderen (Sach-) Bereich.

Thema: „Alle Jahre wieder …"

„Weihnachten"
„Weihnachten in den Ländern der EU"
„Weihnachten auf unserem Kontinent Europa"
„Weihnachten in aller Welt"

Thema: „Maglight"

„Magnetismus"
„Magnetismus im Haushalt"

Akzeleriertes Angebot für Interessierte: Lehrbuch der 2. Klasse des Gymnasiums, Textauszüge, schwierigere Versuche, Extrakte alleine verfassen, kleine Präsentationen für die Klasse vorbereiten, Millionenshow nachspielen, …

Thema: „Wie lustig ist es im Winter"

„Wintersportarten", Erlebnisberichte, Schautisch mit Materialien wie Snowboard, Eishockeyschläger usw.

Gleichzeitig wird auch eine Enrichmentkartei für Kinder, die sich in das Thema vertiefen möchten, bereitgestellt. Diese Kartei wird in der 1. Klasse nur von einigen wenigen angenommen werden. Das Material wird jedoch im nächsten Jahr bei Gelegenheit wieder angeboten, z. B. als Station eines Wochen- oder Tagesplanes.

Wichtig ist, dass das materielle Angebot vorhanden ist, denn nur so kann sich das begabte und interessierte Kind bereichern und vertiefen.

- Wie entstand der Schisport?
- Gab es Schifahren schon in der Steinzeit?
- Warum heißt Skandinavien so?

Die Hauptgruppe bekommt die üblichen Sachtexte aus Büchern.

Enrichmentmaterialien können z. B. aus „DAS WILL ICH WISSEN" (Verlag Jugend & Volk) oder dem Internet aufbereitet werden.

Vorteile

- Je differenzierter das Angebot ist, desto wahrscheinlicher wird es, dass jedes Kind der Klasse ein wirkliches Interessensthema findet.
- Nicht ich als Lehrerin, sondern das Kind entscheidet, welchen Bereich es von einem Sachthema bearbeiten will.
- Als begabungsfördernde Lehrerin stelle ich außer dem Material auch die nötige Zeit zur Verfügung, z. B. als Station im Tages- oder Wochenplan, als Angebot für eine Freiarbeit, als Alternative zur gewohnten Hausübung usw.
- Diese Vorgangsweise sorgt für eine begabungsfreundliche Lernatmosphäre, in der sich Schülerinnen/Schüler gleichsam „selber befruchten".

Literaturverzeichnis

Apel, Hans J, Knoll, Michael: Aus Projekten lernen.
ISBN 3486035053

Anderski, Christa: Begabte Kinder hoch begaben.
ISBN 3936703051

BMW AG (Hrsg.): Homo Super Sapiens.

Breuer, H., Weuffen, M.: Lernschwierigkeiten am Schulanfang.
ISBN 3407220790

Bydlinski, Georg: Der Wünschelbaum. Gedichte für Kinder und ihre Erwachsenen.
ISBN 3851911709

Claussen, Claus: Wochenplan- und Freiarbeit.
ISBN 3141620156

Christiani, Reinhold (Hrsg.): Auch die leistungsstarken Kinder fördern.
ISBN 3589050330

Edgar, John, Walcroft, Erin: Hilfe, ich habe einen Einstein in meiner Klasse.
ISBN 3860727354

Elbing, Eberhard: Hochbegabte Kinder – Strategien für die Elternberatung.
ISBN 3497015199

Elschenbroich, Donata: Weltwissen der Siebenjährigen.
ISBN 3442151759

Ey-Ehlers, Carina: Hochbegabte Kinder in der Grundschule.
ISBN 3898210847

Feger, Barbara, Prado, M. Tania: Hochbegabung – Die normalste Sache der Welt.
ISBN 3896780972

Frey, Karl: Die Projektmethode. Der Weg zum bildenden Tun.
ISBN 340725395X

Gardner, Howard: Intelligenzen. Die Vielfalt des menschlichen Geistes.
ISBN 36089420637

Gudjous, Herbert: Frontalunterricht – neu entdeckt. Integration in offene Lernformen.
ISBN 3781511243

Heinbokel, Annette: Hochbegabte. Erkennen, Probleme, Lösungswege.
ISBN 3825830780

Heinbokel, Annette: Überspringen von Klassen.
ISBN 3825830411

Huser, Joelle: Lichtblick für helle Köpfe.
ISBN 3906744329

Kahl, Reinhard: Treibhäuser der Zukunft. Wie in Deutschland Schulen gelingen.
ISBN 3980929434 (DKJS), ISBN 3407858302 (Beltz)

Klippert, H.: Methoden-Training. Übungsbausteine für den Unterricht.
ISBN 3407625251

Knörzer, W., Grass, K.: Den Anfang der Schulzeit pädagogisch gestalten.
ISBN 3407252285

Landau, Erika: Mut zur Begabung – das spielerische Fördern der Kinder.
ISBN 3497015842

Mönks, Franz, Ypenburg, Irene: Unser Kind ist hochbegabt. Ein Leitfaden für Lehrer und Eltern.
ISBN 3497014613

Nicolas, Bärbel: Offener Unterricht zum Schulanfang.
ISBN 3589050241

Oswald, Friedrich: Begabtenförderung in der Schule.
ISBN 3851147073

Palmstorfer, Brigitte: Gedichteküche. Kartei.
ISBN 3902285265

Pollert, Manfred: Lernen und leben im 1. Schuljahr.
ISBN 3589050705

Puchbauer-Schnabel, Konrad: Die 111 besten Lerntipps.
ISBN 3209037906

Renzulli, J., Reis, S., Strednitz, U.: Das Schulische Enrichment Modell SEM.
ISBN 3794148584

Tettenborn, Annette: Familien mit hoch begabten Kindern.
ISBN 3893253963

Sauerbeck, Klaus: Lust auf Schule – Mutmachbuch für Lehrer.
ISBN 3897782022

Webb, J. T., Meckstroth, E. A., Tolan, S. S.: Hochbegabte Kinder, ihre Eltern, ihre Lehrer.
ISBN 3456829515

Hinweis: Eventuell haben sich nach Drucklegung einige ISBN geändert.

Bildnachweis

Umschlagfoto: MEV-Verlag
S. 30, 41 (2): www.pixelquelle.de
Die restlichen Fotos stammen aus dem Archiv der Autorin.